小公司营销术

极简团队的高效营销法则

赵涛　赵彦锋◎著

江西美术出版社
全国百佳出版单位

图书在版编目（CIP）数据

小公司营销术 / 赵涛，赵彦锋著. -- 南昌：江西
美术出版社, 2020.1
ISBN 978-7-5480-6906-5

Ⅰ.①小… Ⅱ.①赵… ②赵… Ⅲ.①中小企业－市
场营销学 Ⅳ.①F276.3

中国版本图书馆 CIP 数据核字（2019）第 044365 号

出 品 人：周建森
企　　划：北京江美长风文化传播有限公司
策　　划：北京兴盛乐书刊发行有限责任公司
责任编辑：楚天顺　康紫苏
版式设计：尹清悦
责任印制：谭　勋

小公司营销术
XIAO GONGSI YINGXIAO SHU

著　　者：赵　涛　赵彦锋

出　　版：江西美术出版社
地　　址：江西省南昌市子安路 66 号
网　　址：www.jxfinearts.com
电子信箱：jxms163@163.com
电　　话：010-82093808　　　0791-86566274
邮　　编：330025
经　　销：全国新华书店
印　　刷：北京柯蓝博泰印务有限公司
版　　次：2020 年 1 月第 1 版
印　　次：2020 年 1 月第 1 次印刷
开　　本：710mm×960mm　1/16
印　　张：14
ISBN 978-7-5480-6906-5
定　　价：49.80 元

前 言

小公司是指注册资金少、人员少、销售额少、产值少的公司。在"大众创新、万众创业"的今天，很多人投身商海，走上了创业的大道。通过注册公司资质、"招兵买马"等一番准备工作，一家小公司便问世了。但是如何经营公司，如何在强手如林的市场中寻求一席生存之地，让公司顺利地扬帆起航，在商海中乘风破浪，很多小公司的管理者却心中没底，一片茫然。

一家公司的生存、发展、壮大，都离不开营销的运作。纵观所有成功的企业，无不重视营销活动，无不得益于营销的成功开展。小公司处于市场夹缝中，既面临大公司的挤压，本身又生存艰难的困境，更应当重视营销，将营销列为公司经营活动中的重要一环，与大公司争夺市场份额，抢占营销阵地。

什么是营销？营销又称为市场营销，是把商品或服务从生产者（公司或厂商）手中移交到消费者手中的一个过程，是企业或其他组织以满足消费者需要为中心而进行的一系列活动。

营销决定企业的成败，决定企业的兴衰。在以市场为导向、以消费者为中心、以利润为目标的竞争时代，营销的重要性已被提到了前所未有的高度。企业生产的商品只有让消费者认可和购买，才能实现利润的转化，才能实现经营的宗旨。而要想使消费者关注自己的商品并愿意掏钱购买，就必须借助一定的营销方式和宣传、促销手段，那些只注重产量和质量，不注重市场营销和为消费者服务的企业，是无法打开市场、赢得消费者的关注的。

进入21世纪，市场竞争已达到白热化阶段，小公司要想在竞争中取胜，就必须高度关注营销、关注市场、关注消费者，研究和掌握各种营销方式，并能根据市场的变化娴熟、灵活、创新地加以运用，不断开拓市场，拥有越来越多的消费者，如此方能在群雄逐鹿的市场中站稳脚跟，为企业创造源源不断的利润。

面对越来越激烈的市场竞争，不少小公司的管理者发出感叹：大公司财大气粗、实力强大，占据市场的半壁江山，还拥有稳定的客户群；而自己势单力薄、囊中羞涩，没有多少钱用来做营销，还与大公司分抢市场和客户，根本就是自不量力、自讨苦吃。这些想法都是错误的，我们来总结一下一些小公司在营销问题上常有的误区，欢迎对号入座！

误区1：酒香不怕巷子深，产品硬就不用做营销。一些小公司特别是创业型公司，从一开始就把产品质量和技术作为自身的生命线，对于自己的产品非常有信心，并认为好产品一定会有好口碑，不用做营销也能卖。事实真的如此吗？好产品是根基，但是只有宣传营销才能让产品真正转化为利润，在这个信息泛滥的时代，要想在众多的同类产品中脱颖而出，就必须依靠营销。

误区2：小公司没钱，做不起营销。这是典型的穷人思维，在回报率高的事情上不能只想着省钱，必要的钱一定要花。

误区3：做营销，就要一夜爆红。不要把营销看作无用的，但也不要把营销看作万能的。只要做营销就想要立刻看到效果，但现实并不是如此，这也是导致很多小公司做营销半途而废的原因。

……

作为小公司的管理者，如果你还在为大公司的威胁而顾虑重重，还在为市场萎缩或者零开拓而忧心忡忡，还在为产品打不开销路而一筹莫展，还在为客户不断流失而顿足悲叹，还在为营销战术失灵而头疼不已……这本《小公司营销术》将为你拨开迷雾见青天，解开心中所有疑团，走出营销的低谷，迈上营销的阳光大道。

目前，市面上大部分的营销书籍，都是为了满足大企业的需要而写，忽视了小公司的需要，或者完全不符合小公司的现实情况。本书将彻底改变这样的局面，针对小公司的生存现状、自身实力和市场动态，从营销调研、营销计划、营销人员培训、直接营销、口碑营销、关系营销、产品促销、服务营销、网络营销等众多层面梳理了小公司营销的各个环节，探讨小公司营销过程中会遇到的问题，并提供了一系列成本低廉、行之有效的营销战术。

通过本书，您将知道如何在大企业看不见的市场缝隙中赚大钱，如何用很少的钱办很大的事，如何不花钱也能做品牌，如何用手机、微信来推广产品、轻松赚钱等，最终为公司的营销开辟一方崭新、广阔的天地。

目 录

Contents

第三章　人员推销术：用对人做对事卖对货

第四章　直接营销术：让订单似雪片般飞来

第五章　口碑营销术：金杯银杯不如客户的口碑

第六章　关系营销术：在市场中左右逢源呼风唤雨

第九章 网络运营术：分享电商时代的财富红利

第一章
试水营销，
发掘小公司的营销宝地

商业丛林，形势瞬息万变，市场强手如林，大公司如狼似虎地在蚕食和掠夺市场，小公司如何开辟自己的营销根据地？如何迈出营销的第一步？如何从大公司的餐盘中分得一杯羹？

想下水游泳，先要知道水有多深。小公司开展营销，首先要对市场进行侦察，摸清市场的动态和风向，通过精心准备、周密计划，见缝插针，发掘市场的空白点，如此必能在与大公司的竞争中赢得一席之地。

▼ 小公司营销原点：营销新观念

现代社会，经济活动的市场化和高科技的迅猛发展，导致人们的生活方式和节奏发生剧烈变化，公司间的竞争也更加激烈，因此小公司要想立足，要想生存，要想发展，必须培养、确立自己的新时代营销观念。

营销观念又称为市场营销管理理念，简称营销理念，是指公司从事市场营销活动及管理过程的指导思想或根本看法、根本态度，也就是公司在开展市场营销活动的过程中，在处理公司、客户和社会三方利益方面所持有的态度和指导思想。营销观念在公司营销活动中起支配和指导作用，故称"公司思维方式""公司哲学"，也可称作"市场营销管理哲学"。

营销观念出现于20世纪50年代中期，它的出现对以前的观念提出了挑战。与以生产产品为中心以及"制造和销售"哲学不同，我们要以客户为中心以及"感觉和响应"哲学。如今的工作不再是为产品找到合适的客户，而是为客户设计合适的产品。现代市场营销观念认为，实现公司各项目标的关键在于确定正确的目标市场需要和欲望，并且比竞争者更有效地传送目标市场所期望的东西。

营销观念作为一种指导思想和经营观念，是公司一切经营活动的出发点，支配公司营销实践的各个方面。公司营销观念的正确与否，是否符合市场环境的客观实际，将直接影响公司营销活动的效率和效果，进而决定公司在市场竞争中的兴衰存亡。因此，奉行正确的营销观念，是公司组织市场营销实践的核心和关键所在。

市场营销观念要求公司的一切计划与策略应以消费者为中心，要求公司营销管理贯彻"客户至上"的原则，将管理重心放在善于发现和了解目标客户的需要上，并千方百计地使客户满意，从而实现公司目标。

对于小公司来说，可从以下几方面来建立现代营销观念：

1. 重视客户价值，力求客户满意

客户价值指的是消费者对产品的期望价值，包括产品价值、服务价值、人员价值和形象价值。满意则指的是一个人通过对产品的可感知效果，与他的期望值相比较后所形成的感觉状态。营销的核心是以市场为导向，即以客户的满意为导向。客户如果对产品和服务的可感知效果与期望值相匹配或超出的话，那么客户就会满意或高度满意。

2. 以目标市场为核心

现代营销理论和实践认为，公司在市场上的精确定位是取得成功的关键一步。精确定位要求公司的产品和服务具有明确的目标市场，在此前提下，公司才能制订出适合目标市场的营销策略、计划和战术。

3. 保持创新精神

科学技术的飞速发展、人们收入水平的提高、国际经济环境日益多变，这些都给公司带来了新的机会和挑战，不具有灵活多变能力的公司在一些巨变面前往往束手无策，任其灭亡。

4. 注重分析、计划与控制

要在公司中贯彻营销观念，还必须建立相应的流程。对营销的分析、计划与控制是保证上述三个方面得以执行的必要手段。在与客户协调关系、创新、定位等方面做得很完善的公司，如果没有一个健全的营销计划和控制制度，那它的营销观念就是残缺的。

全新的时代，需要全新的营销观念，谁把握得准、走得快，谁就拥有市场的主动权。

小公司要搞好营销，管理不可少

简单来说，营销管理就是营销过程的计划、控制、指挥、协调和领导。1985年美国市场营销协会对营销管理下了一个定义：营销管理是计划和执行关于产品、服务和想法的观念、定价、促销和分销，以创造能符合个人和组织目标交换的一种过程。

现代社会，公司的营销过程与以前相比已经发生了很大的变化，主要包括以下几个环节：

1. 确定总目标下的营销目标

在制定营销目标时要明确两点：一是营销目标服从于公司的重大目标，并为开拓新市场、开发新产品、更新现有产品等服务；二是制定营销目标要和公司其他部门的目标统筹起来考虑。

2. 营销调研

这个环节主要是收集信息，并进行分析。信息在制定营销策略时极为重要。公司需要尽可能多地了解消费者、了解产品或服务如何适应市场需求、了解市场运行方式、竞争对手对现有产品和新产品有些什么动作及生产的灵活性等信息。这些信息可以来自本公司内部，可以来自外部如一些公共分析机构或一些营销代理机构。

3. 市场细分与目标市场

现代市场营销实践要求把市场划分成几个主要的细分市场，对这些市场分别进行评价，然后选择和瞄准若干目标市场，并确定公司在每个市场的位置。

4. 制订营销计划，设计营销策略

营销计划是建立在市场信息和公司内部资料的基础上，主要内容包括市场调研、营销目标、营销策略和营销预算等。

5. 营销组织、执行、控制

营销组织工作涉及全体营销人员的组织结构和相互关系，包括把他们联系在一起协调其活动的权力和责任界限。一项计划必须转化为行动，否则计划就毫无意义。但在营销组织实施营销计划的行动过程中可能会出现许多意外情况，为了确保能有效执行，必须对执行过程进行控制。控制的主要任务就是针对计划检查执行情况，并找出二者之间的差距及造成差距的原因，以供修订计划和重新制定新计划使用。

小公司营销试水：营销调研

为了更好地为消费者服务，争取到更多消费者，占用更大的市场份额，开展营销调研工作已经越来越被公司所重视。

营销调研是指公司系统地、客观地收集、整理、分析具体营销情况相关的数据，以制定有效的营销决策。营销调研工作可以帮助公司评估市场份额和市场潜力，了解客户购买行为和满意程度，并以此权衡渠道设计、营销目标、营销策略和促销战术的有效性，制定精准高效的营销策略和战术。

中国日化公司索芙特在制定营销策略时，就是以营销调研结果为主要依据的。

索芙特通过市场营销调研发现，消费者在购买产品时，存在多种渠道形式。过去，只有流通和终端两个渠道，索芙特在推广时就比较困难。流通就是打广告；而终端却有些麻烦，因为两套产品不一致，就不知道该如何打广告。况且屈臣氏、家乐福、沃尔玛等每个市场终端系统都不一样。于是索芙特就针对不同类型的卖场，既销售共同的产品，也销售不同的产品，通过定制策略来化解渠道上的矛盾。

通过研究，索芙特还发现流通过程是一层层累积的过程，如农村市场会看城镇，二、三线城市会看一线城市，一线城市又看超级卖场，是一个"金字塔式"的模拟过程。以二、三线终端渠道为例，索芙特过去的做法是公司自己做分销，但是在管理人员的问题上始终做不好，而且还面临执行力不强、管理混乱等问题。于是，索芙特将分销管理范围尽量缩小，通过在终端以3~5折的价格把货提供给经销商，然后由经销商承担所有的费用，如招导购员等，而索芙特提供培训、促销方式支持、物料等，让大家共同参与进来。

索芙特通过市场营销调研了解到了营销渠道的变化，从而使用了新的营销策略，使公司的销售渠道更加广泛，从而极大地提高了公司产品的销量，实现了预定的营销目标。

由此可见，营销调研很重要，小公司的管理者对市场研究环节必须谨慎，这样才有可能找准市场机会，为公司赢得利润。要知道，由于每个市场的客户需求各不相同，如果不研究就贸然投入市场，是很可能招致失败的。即便不是管理者亲自去考察，也一定要让相关部门把调查结果汇报上来，充分了解整个公司的发展情况，以便及时做出战略调整，保证公司顺利发展。

一般来讲，市场营销调研的主要内容是：消费者购买动机、市场需求及变化趋势、产品评价、分销渠道、市场竞争对手、宏观环境等。当然，若公司还有其他的问题需要答案，也可以通过营销调研的方式来实现。

既然营销调研已经成了公司不可忽视的环节，那么，该环节的具体实施步骤是怎样的呢？

实施营销调研的程序是：确定问题和研究目标—制订调研计划—收集信息—分析信息—向公司管理层提出结论。

在调研过程中，公司既要研究决定使用哪一种调研方法，如观察法、焦点访问座谈会、调查法、实验法。还要决定使用哪一种调研工具，如调查表或仪器设备。此外，还要决定抽样计划和接触方式，如可以通过收回优惠券的方式，要求消费者填写相应的市场调研信息，了解产品和品牌在消费者心中的地位和产品改进的方向。

▌ 捕捉市场需求，聚集营销靶心

公司的一切营销活动应当都是要紧紧围绕市场需求的。所以，小公司必须把市场需求状况列为调研的重要内容。其中包括消费者需要、消费者需要的时间及倾向于以何种方式接受营销公司产品或服务等。

很多小公司常常把营销渠道调查作为调研的重要内容，他们认为产品卖出去的关键是营销渠道要多、要广，这样，市场占有率才会更高。营销渠道的确很重要，但是市场需求的变化更为重要，因为即便营销渠道再多，如果无法把握消费者需求状况，那么，营销渠道也会收缩变小。所以，了解市场需求，应该成为小公司市场营销调研的重中之重。

星巴克能够在具有几千年喝茶历史的中国中占得一席之地，也是因为星巴克以市场需求为中心，重视调查研究中国消费者的需求。

当星巴克进入中国市场时，为了消除消费者的抵触心理，他们首先推广和普及咖啡知识。星巴克通过自己的店铺、到一些公司去开"咖啡教室"以及通过网络成立咖啡俱乐部，来广泛宣传咖啡知识，让人们从心里彻底了解咖啡这种饮品，并慢慢接受这种饮品。

与此同时，客户在星巴克消费的时候，收银员除了品名、价格以外，还要在收银机系统里键入客户的性别和年龄段，否则，收银机就打不开。这样，公司就可以很快知道消费的时间、消费了什么、金额多少、客户的性别和年龄段等。除此之外，星巴克每年还会请专业公司做市场调查，通过调查研究市场需求，逐渐了解消费者的各种情况，并迎合消费者需求，让自己的产品越来越获得消费者青睐。

总之，无论市场营销调研的内容多么丰富，都不能忽略市场需求变化，都应该把市场需求变化作为调查的重要内容。这是小公司管理者在开展市场营销调研时要把握的核心环节。

▶ 从市场中选择一块风水宝地

市场是由不同的子市场组成的，子市场还分裂成更多、更细的子市场。这是市场发展的趋势，就像一个人必须知道自己的人生目标是什么，才能完成人生定位一样，公司营销也必须清楚自己的目标市场，从而制定有针对性的策略。

要找到自己的目标市场，首先要对市场进行细分。市场细分是指公司按照某种标准将市场上的客户划分成若干个客户群，每一个客户群构成一个子市场，不同子市场之间，需求存在明显差别。市场细分是选择目标市场的基础。市场营销在公司的活动包括细分一个市场并把它作为公司的目标市场，设计正确的产品、服务、价格、促销和分销系统组合，以满足细分市场内客户的需求和欲望。

市场细分的作用很大，其在于：

（1）能够找准营销机会，弄清哪些是潜在的客户、客户的需求以及客户对产品的满意程度。

（2）确定目标市场。

（3）针对目标市场制定相应的市场策略来满足各类消费者的需求。

通过市场细分，公司能发现最好的市场机会，确定目标市场，从而集中使用人力、财力、物力，为目标市场服务，使有限的经济资源产生最大的经济效益。

目标市场选择的根本在于抓住一个新的细分市场，并在这一市场及时推出自己的产品，满足该市场客户群的需求，并确保产品成为该市场的主导者。

如何选择好目标市场呢？

（1）找准市场定位，摆脱同质化。要根据自己公司的经营方向、产品类型和特色来选择市场，不断地创新产品、推出新的产品。

（2）确定独特的产品形象，突出自身特色。在个性消费时代，突出自身特色的产品往往能够胜出。

（3）瞄准目标市场，营销手段多样化。针对目标市场，需要采取灵活多变的营销战术。要想领先，就必须确保持续的营销投入，而且必须是准确的，能够切中要害的营销手段才能够占领优势地位。

根据细分市场的独特性和公司自身的目标，共有三种目标市场营销战术可供选择：

①无差异市场营销战术。指公司只推出一种产品或只用一套市场营销战术来招揽客户。

②密集性市场营销战术。指公司将一切市场营销努力都集中于所选择的目标市场。

③差异性市场营销战术。指公司根据目标市场的特点，相应扩大某些产品的花色、样式和品种或制订不同的营销计划，以充分适应不同消费者的需求，吸引各种消费者，从而扩大各种产品的销售量。

市场细分是公司发现商机、推广市场营销战术、提高市场占有率的有力手段。市场细分对小公司特别重要。因为小公司一般资金少，资源薄弱，在整个市场或较大的亚市场上竞争不过大公司。小公司通过市场营销研究和市场细分，就可以发现某些未被满足的需要，找到力所能及的良机，见缝插针，拾遗补阙，使自己在日益激烈的竞争中能够生存和发展。

▼ 在大公司看不见的市场缝隙中赚钱

当前，市场竞争愈演愈烈，各公司都在千方百计地试图占领市场份额，并且在不断扩大，一些实力较强的大公司占据着市场的主要份额，统治着市场的大部江山。小公司规模小，实力和竞争力都难与大公司相抗衡，要想在主要市场上与大公司角逐，争夺市场份额，不仅难以取胜，而且还会损耗元气，浪费时间和人力、物力，给自己造成致命的损伤。

　　小公司应当极力避免与大公司发生正面抗衡，努力发掘大公司不注意或忽略的利基市场（缝隙市场），见缝插针，不失时机地实施利基营销战术，从大公司盘踞的市场中挖掘出一条缝隙，作为自己的根据地，并通过后续的营销活动不断扩大自己的影响，树立良好的口碑，赢得广大消费者的关注，为公司的营销开辟一方天地。

　　利基营销又称"缝隙营销""补缺营销""狭缝市场营销"，是指规模较小的公司为避免与强大竞争对手在市场上发生正面冲突，选择由于各种原因被强大公司轻忽的小块市场（"利基市场"或"补缺市场"）作为其专门的服务对象，对该市场的各种实际需求全力予以满足，以达到牢固占领该市场的营销战术。

　　"利基"是Niche的译称。Niche一词来源于法语。法国人信奉天主教，在建造房屋时，常常在外墙上凿出一个不大的神龛（Niche），以供奉圣母玛利亚。它虽然小，但边界清晰，洞里别有乾坤，后来被引用来形容大市场中的缝隙市场。英语里的Niche还有一个意思，指悬崖上的石缝，人们在登山时，常常要借助这些微小的缝隙作为支点，一点点向上攀登。20世纪80年代，美国哈佛大学商学院的学者们开始将这一词引入市场营销领域。

　　通常，营销者确定利基市场的方法是把市场细分再细分，或为特定的利益组合在一起的少数人。

　　实行利基营销战术的主要意义在于，在整个市场上占有较低份额的小公司可以灵活巧妙地拾遗补阙，经过周密的市场研究和专业的市场细分，能够充分了解目标市场和目标客户群的情况，因而能够比其他公司更完善地满足消费者的需求。

　　实行利基营销的优势在于公司目标市场较小且单一，便于进行市场研究；便于公司加强客户服务；便于公司掌控营销目标；便于公司避免与主要竞争对手的正面竞争，减少失败的可能。

中国豆瓣网的成功就是在于专注利基市场，个与大公司正面竞争，"不拿鸡蛋碰石头"，而是通过专业化经营、见缝插针地占据有利的市场位置。

豆瓣网（douban.com）是一个集图书、音像、电影评论等信息为一体的网站，定位是文化产业，市场规模相对有限，能容纳竞争对手有限。中国人口世界第一，但是喜爱读书的人有多少？读书又上网的有多少？上网又知道豆瓣的有多少？有个朋友做过统计，最后估算出来最终的人群有5万～10万，而这个数字恰恰是豆瓣网创办前三年的发展情况。在如此规模的市场来看，模仿和抄袭者难有作为。

豆瓣网是一个成功的网站，一个发展时间越长，客户越多，气氛越浓郁，聚合力越强的网站，由于已经建立起了一定的客户信誉，从而有力地保证了自身地位，对抗竞争者的攻击。

另外，有实力的竞争者基本上很少考虑模仿豆瓣网，转型也要付出惨痛的代价。由于豆瓣网的诞生是Web2.0在国内刚刚兴起的时候，风格在当时与众不同，具有较强的创新性，但是对于传统网站来说，Web2.0意味着革命，很有可能是革"老命"。其实猫扑网与豆瓣在某些方面有点类似，但也只是增加一个频道，如果单独与豆瓣相同的网站不仅要投入大量的财力，而且还会和豆瓣网的客户群发生冲突，背上抄袭的丑闻，最重要的是，即使这些条件都做到了也未必能创造价值。

利基营销战术也不是万能的，不适当的运用可能会增长短期利润，但会导致公司长期收益的下降甚至枯竭。一般来说，它的运用必须具备以下条件：

（1）该市场有足够的规模或购买力。

（2）该市场有增长潜力，短期内不会萎缩。

（3）公司有满足市场需要的技能和资源，可以有效地为之服务。

（4）公司能够依靠已建立的客户信誉，保证自身地位，抵挡对抗竞争者的攻击。

总之，如果公司决定进入利基市场，则这个利基市场必须能够为公司的立足、发展提供一系列可能生存的环境，即利基市场有成为公司目标市场的可能性。

▌ 营销计划：为营销开个好彩头

营销大师科特勒指出："制订计划并不是一件好玩的事情，要耗费大量的工作时间。但是，公司必须制订计划。不管公司大小或新老，正确的计划会带来很多好处。"

小公司要做好营销，首先就要制订长远的营销计划，然后，再把实施过程分给各个销售部门去执行，发挥个人和集体的力量，共同实现上游营销到下游营销的最优承接，获得更高效的业绩。

营销计划是指，通过对市场营销环境的考察分析，制订公司和各业务部门的营销目标以及实现这一目标所应采取的步骤、措施，还要有应用技术的明确规定和详细说明。

小公司做营销的时候，必须要先做计划。没有计划，就等于没有前期准备，准备工作做不好，没有充分掌握营销，那在实施过程中可能遭到各种变故，那么，这样的营销十有八九会失败。当然，如果计划拟定得不清晰明确，不全面，没有考虑细节，那在执行计划时，也会状况百出或者艰难完成。

但凡优秀的公司，总是能清晰地计划和坚定地执行计划，从而保证自己能用正确的方法做正确的事情。

一个好的营销计划能够让员工清晰地了解公司在市场中所处的位置，和公司面临的外部机遇和挑战。同时这个营销计划也能让员工明白未来自己该做什么，该怎样提高销售业绩，具有可执行性。

当然，现在各个公司的营销计划有很大的不同，有的公司还在计划中写入了其他内容。那么，什么样的营销计划是比较严密的呢？一份完整的营销计划应该具备以下六个要素：

（1）情势分析。也就是对内外环境的分析，立足市场环境写出的营销计划才不是空想或妄想。

（2）制定目标。根据环境分析找到公司自身发展机会，制定明确的目标。目标一定要定量定性，这样能让员工未来的主攻方向更明确。

（3）市场定位。市场战略要对市场科学定位，做出合理的取舍，在各项运营活动中建立一种配称。

（4）营销技术。也就是目标达成的有效方式。很多公司都注重市场选择和渠道设计，却不注重营销技术，这样会阻碍营销计划的有效实施。

（5）资源保障。也就是关于人、财、物方面的预算。对执行营销计划需要的费用进行预算和评估，要注意把最有价值的资源用在最有意义的事情上。

（6）监控措施。定期对营销计划执行进度进行评估，随时调整战略或对计划进行适当修正。

正如艾森豪威尔曾经说的那样："在战前准备时，我发现计划是无用的，但计划的过程却是不可或缺的。"制订计划能够让公司的营销活动实施得更有效，当然，营销活动也会随着内外环境的变化而变化，所以，营销计划在实施过程中并非是一成不变的，也需要适当调整。

▶ 小公司营销计划制订的技巧

营销计划的制订有两种方法：从上到下法；从下到上法。

从上到下法，是指由公司高级或中级管理者根据公司的目标制订营销计划，再由业务经理、销售人员去实施计划。

从下到上法，是指下级销售员在市场预测、竞争对手及客户的信息收集和分析方面积极参与到计划的制订中。这样的计划过程和所利用的信息虽然要受到高层职员的检查，但是在这样的计划体系中，低层的管理人员扮演着重要的角色。

这两种计划方法都有各自的特点。从上到下计划法的基本原理是，人员在组织中的地位越高，那么，这些人对公司经营中面临的问题前后关系的看法越透彻。而像基层经理这样的人员则倾向于把竞争的舞台看作他们自己的业务区域，不必是国内或者国际市场。从下到上计划法的特点是所制订计划的实施可能会更好，因为基层业务人员从一开始就参与计划的制订，并负责计划的执行。

为了提高营销计划的科学性、准确性和有效性，除了用好上述的两大编制方法外，还应把握好以下几个主要原则：

1. 逻辑原则

计划的目的在于解决公司营销中的问题，按照逻辑性思维的构思来编制计划。首先是设定情况，设想计划背景，分析产品市场现状，再把计划中心目的全盘托出，其次进行具体计划内容详细阐述；最后明确提出解决问题的对策。

2. 简朴原则

要注意突出重点，抓住公司营销中所要解决的核心问题，深入分析，提出可行性的相应对策，针对性强，具有实际操作指导意义。

3. 可操作原则

编制的营销计划要用于指导营销活动，其指导性涉及营销活动中的每个工作环节，因此可操作性非常重要。不能操作的方案，创意再好也无任何价值。不易于操作的方案必然也要耗费大量人力、财力、物力，管理复杂、效果不显著。

4. 新颖原则

要求营销计划的"点子"创意新、内容新、表现手法也要新。不落俗套、与众不同的营销计划才有竞争力，能够有效地指导各种营销活动，让公司的营销开展得风生水起。

▼ 一份完整的小公司营销计划出炉

按理来说，营销计划没有一成不变的模式，它依据产品或营销活动的不同要求，在计划的内容与编制格式上也有变化。但是，从营销计划一般规律来看，其中有些要素是共同的。

营销计划的基本内容包括以下几点：

1. 计划目的

要明确营销计划所要达到的目标、宗旨，作为执行计划的动力或强调其执行的意义所在，以要求全员统一思想，协调行动，共同努力保证计划高质量地完成。

公司营销上存在的问题纷繁多样，简而言之，无非就是以下六个方面：

（1）公司开张之初，一片空白，因而需要根据市场特点策划出一整套营销方案。

（2）公司发展壮大，原有的营销方案已陈旧过时，所以需要重新设计营销方案。

（3）公司改革经营方向，需要相应地调整营销策略。

（4）公司原营销方案有严重缺陷，不能再作为公司的行销计划。

（5）市场环境发生变化，原营销方案已不适应变化后的市场。

（6）公司在总的营销方案指导下，需在不同的时段，根据市场的特征和行情变化，设计新的阶段性方案。

2. 分析当前的营销环境状况

对同类产品的市场状况、竞争状况及宏观环境要有一个清醒的认识。它是为制定相应的营销策略，采取正确的营销手段提供依据的。知己知彼方能百战不殆，因此这一部分需要营销计划的制订者对市场比较了解，这部分主要分析以下内容：

（1）当前市场状况及市场前景分析。

①产品现实市场及潜在市场状况。

②市场成长状况，产品目前处于市场生命周期的哪一个阶段上。对于不同市场上的产品，公司的营销侧重点如何，营销策略效果怎么样，需求变化对产品市场的影响。

（2）对产品市场影响因素进行分析。

主要是以影响产品的不可控因素进行分析：如宏观环境、政治环境、居民经济条件、消费者收入水平、消费结构变化、消费心理等。对一些受科技发展影响较大的产品，营销计划中还需要考虑技术发展趋势方向的影响，如计算机、家用电器等。

3. 市场机会与问题分析

营销方案是对市场机会的把握和策略的运用。因此分析市场机会，就成了营销计划的关键，只要找准了市场机会，计划就成功了一半。

（1）针对产品目前营销现状进行问题分析。

一般营销中存在的具体问题，表现为多个方面：

①公司知名度不高，形象不佳影响产品销售。

②产品质量不过关，功能不全，被消费者淘汰。

③产品包装太差，引不起消费者的购买兴趣。

④产品价格定位不合理。

⑤销售渠道不畅或渠道选择有误，使销售受阻。

⑥促销方式不好，消费者不了解公司产品。

⑦服务质量太差，令消费者不满。

⑧售后保障缺乏，消费者有后顾之忧。

（2）针对产品特点分析优劣势。

从问题中找劣势予以克服，从优势中找机会，发掘市场潜力。分析各目标市场或消费群特点进行市场细分，对不同的消费需求尽量给予满足，抓住主要消费群作为营销重点，找出与竞争对手的差距，利用好市场机会。

4. 营销目标

营销目标是在前文所说的任务基础上公司要实现的具体目标，即在营销计划方案执行期间，经济效益目标达到：

总销售量为×××万件，预计毛利×××万元，市场占有率实现××。

5. 营销策略（具体营销方案和促销战术）

根据公司的经营战略，针对市场的形势、客户的消费特征，结合营销计划的目标，在营销活动中推出各项具体行动方案和促销战术。行动方案要细致、周密、可操作性强又不乏灵活性，促销战术要丰富多样，在某个活动中可以只采用一种战术，也可以多种战术同时使用。

6. 策划方案各项费用预算

这一部分记载的是在整个营销方案推进过程中的费用投入，包括营销过程中的总费用、阶段费用、项目费用等，其原则是量力而行，以较少投入获得最优效果。费用预算方法在此不再详谈，公司可凭借经验，具体分析确定。

7. 方案调整

这一部分是作为策划方案的补充部分。在方案执行中都可能出现与现实情况不相适应的地方，因此方案贯彻必须随时根据市场的反馈及时对方案进行调整。

营销计划的内容一般由以上几项内容构成。公司产品不同，营销目标不同，则其侧重的各项内容也有取舍。

第二章

渠道拓展术：

挟渠道以令天下诸侯

渠道是公司的产品流向客户的通道，是连通产品和客户的桥梁。没有渠道，一切营销活动都是空谈，可谓是"成也渠道，败也渠道"。

得渠道者得天下，小公司由于资金有限，一时还没有强大的媒体推广能力，不如先从渠道的规划做起，扎扎实实地先从网点到城市，再由城市到区域，最后由区域到全国，逐步开拓出广阔的市场营销空间，与经销商建立互信、互动、互助的良性关系，以取得利达三江、财通四海的效果。

▆ 小公司要做渠道的主导者

营销大师科特勒指出，营销渠道是指某种货物或劳务从生产者向客户移动时所取得的货物或劳务的所有权以及帮助转移其所有权的所有公司和个人。因此，一条营销渠道不仅主要包括商人中间商和代理中间商，还包括作为销售渠道的起点和终点的生产者公司和客户个人。

公司界有一句广为流传的话："得渠道者得天下。"营销渠道对于产品的推广有着重要意义。营销渠道越广，产品营销量越大。营销渠道可以分为传统营销体系、垂直营销体系和水平营销体系。传统营销体系是多层次的营销渠道，渠道中各个成员之间是相互独立的；垂直营销体系是由公司、批发商和零售商所组成的一种统一联合体，其中某个渠道成员拥有其他成员的产权或者是一种特约代营关系，抑或者是这个渠道成员拥有相当实力，其他成员愿意合作。水平营销体系则是由两个或两个以上的公司联合开发一个营销机会，这些公司缺乏资本、技能、生产或营销资源来独自进行商业运作或者承担风险；抑或者发现与其他公司联合可以产生巨大的协同作用。

小公司管理者必须十分明确自己的营销渠道，做渠道的主导者。

营销渠道的主导者是指渠道中规则的制定者，营销渠道的主导者有以下三个方面的基本特征：

一是中间商对营销部门的产品有稳定的需求。营销渠道主导者的产品应该是中间商所需要的，能够给中间商带来巨大利益的。

二是客户对产品认同程度比较高。只有客户所认同的产品，才能给中间商带来巨大的利益，一个客户根本不需要的产品不可能得到中间商的青睐。

三是营销部门制定渠道规则。关键的渠道进入条件和游戏规则都应该由渠道主导者来制定，这样才能保证整个营销渠道畅通。

做营销渠道主导者的意义在于以下三个方面：

一是保证了公司的利润。很多竞争者冲击营销渠道都是通过降低价格来实现的，其结果导致营了销利润的下降。但由于中间商对营销渠道主导者的产品有着稳定的需求，因此能够保证营销渠道主导者获得稳定的利润。

二是避免了信用风险。在现代市场环境中，渠道的信用风险十分高。众多渠道中间商客大欺店，对供应商的货款一拖再拖，导致供应商经营困难。而营销渠道主导者不存在这个问题，因为中间商对渠道主导者有稳定的产品需求。

三是营销渠道的主导者能够有效地抵御竞争者的冲击。营销渠道的主导者必然有一部分忠诚的中间商，这些中间商是抵御竞争者冲击的中坚力量。

◤ 设计可控的渠道结构

营销渠道是连接公司与市场的桥梁、沟通产品与客户的桥梁。公司生产出来的产品，通过这个桥梁，才能进入市场与客户见面，才能走进消费领域。没有这个桥梁，也就没有销售，营销计划就无法完成。不过，渠道并非现成的，而是"设计"出来的。

一般而言，公司设计渠道结构的方式主要有以下三种：

1. 渠道的宽广度

指公司在选择渠道成员的单一性和复合度，如公司在一个省内设立多个独立经销商，分别经营不同的小区域。另外，宽广度还意味着渠道的多样性，如代理商和经销商代销、公司直营和直接销售等几种形式同时运用。

多渠道结构需要公司有强大的渠道管理能力，小公司由于缺乏一定的管理能力，不适合采用多渠道结构，同时，由于多渠道结构容易引起经销商反感，所以小公司很难控制。

2. 渠道的深浅度

指零售终端的多样性，既可以将产品进入商场超市的专柜销售，也可以进入美容专业线，同时还可以进入医药连锁系统，如化妆品经销商。终端的多样性，可以使产品更有效地渗透整个市场，达到销售的规模效应。

3. 渠道的长短度

指由一级经销商到销售终端，中间需要经过几个层级。如有的产品需要经过省一级经销商，然后由省经销商批发给二级经销商，而二级经销商再将产品分销给终端或者批发给三级经销商。

小公司由于在资金、管理能力方面比较弱，所以采取深渠道结构比较合适，等待资金回笼、管理能力增强后，逐步削减渠道层级，进一步拓宽，并将渠道的管理重心下移。

小公司既要设计合适的营销渠道结构，还要注重选择合适的渠道模式。

渠道模式的选择是公司建立营销渠道的必经步骤，如果品牌知名度和公司的经济实力以及市场管理能力都比较弱，市场初期的渠道模式可以从以下方面建立：

（1）省级总经销模式

当产品销售力不够，销售区域过于狭小，经销商会不满意，从而引起区域窜货的发生。所以，以每省一个经销商，然后由省级经销商自主向下招商，组建本省区域的营销网络，可以协助经销商招商开拓区域市场。

（2）跨区域销售应酌情考虑

假如想要跨入的区域没有合适的经销商，而经销商又有现成的网点，不如等以后条件成熟后，再重新划分区域。

小公司在建立渠道初期，不必过分拘泥于规范的销售政策，但需要事先为今后的发展做好系统规划。

▐ 打通渠道，没有卖不出去的产品

渠道就是产品的通路，这个通路意味着销售的成倍扩张。找对了渠道就好比是乘对了船，才能准确无误的到达目的地。比如，超市、经销商、外销等都是很好的渠道。找对渠道突破它，后面的营销工作就变得简单起来，能减少很多周折。

可口可乐的总裁连街头卖茶叶蛋的摊点，都觉得是未来可以卖可口可乐的地方。可见，只有拓宽销售通路，就没有卖不出去的产品。

对于小公司来说，如何尽量拓展自己的营销通路呢？

（1）加大跟客户的接触点，尽量让更多的人知道公司的产品。接触点越多，卖出去的东西就越多。这个接触点可能是广告的接触点，也可能是渠道终端的接触点。

（2）行业博览会、中国博览会、国际博览会等都是很好的通路，因为它们是重要的宣传和交易的渠道。

（3）行业协会、集成商或网站也可以成为公司传播产品信息和销售产品的渠道。

（4）专业店占的比重会越来越大。将来市场上任何一个行当都会有自己的专业店。

（5）连锁专业店是一个增长的行当。

一旦成功寻找和创建营销渠道，并层层铺张开来，公司就能让众多的客户找到你，也就没有卖不出去的产品。

建立分销渠道，理顺渠道脉络

广东某食品公司主要生产"黑米片"——即冲即饮营养品，产品销往全国市场。在投入市场初期，产品在零售市场覆盖率低，为提高分销效率，该公司采用了双重销售体系：通过各地批发商销售的同时，还利用当地有实力的大零售商场进行双渠道批发。顿时，公司的市场份额有较大幅度的提高。

不过，在一段时间后，这种模式也出现了问题。该公司突然发现市场销售开始急剧下滑。经分析才知道：产品在市场有了一定知名度，市场批零价格透明度增加后，这种双重销售体系的致命弱点也暴露出来。例如，兼营零售业务的批发商在获得了批零差价后，同其他不设批发的零售商直接竞争，获得了保证零售商利益的零售利润，影响零售商推销"黑米片"的积极性，批发环节也因争夺客户而降低价格促销，利润下滑导致中间商推销热情减弱。

鉴于双渠道的诸多弊端，该公司经研究及时改变分销战术，将全国划成几大区域，投资建立直销办事处。公司废除了过去的双渠道销售网，在删减部分流通环节基础上，制定了一套“区域关系佣金代理”销售模式。一大批资金实力不雄厚，但代理条件相对较好的各地代理商，纷纷主动上门寻求合作。以区域办事处为中心的佣金代理商们被公司定为纯粹的销售代理，以赚取佣金收入为主，不承担大量经销买卖风险，他们在该公司划定的区域办事处进货。在分销中，若代理的某笔生意金额超过代理商的资金能力，他们会介绍客户直接向公司进货，只要是在其负责区域内或介绍下在办事处成交的订单，都享受合同约定的佣金。

该公司的新分销战略很快取得成效，主要体现在：对各地代理商约束力加强；产品市场价更为统一；产品市场价格更低；竞争力加强。而新的佣金代理制，也因对代理商资金实力要求低，代理商经营风险小，将大批有网络优势和经营热情的代理商纳入队伍，分销机会大增。“黑米片”在全国销量很快改降为升，市场占有率和覆盖面较双重销售体系增加。当然，应该说明这种体系仅适用于低价竞争导向强的产品，价高反而畅销的产品则应采用买断代理。

其实，很多时候不是产品不好，而是没有注重营销渠道的设计。只有合适的营销渠道，并运用合适的营销战术，才能在变幻莫测的市场格局中，不断避开各种风险，与同行竞争。

与经销商结成生意“同盟军”

经销商与生产公司确实有生意关系，但公司的最终客户是大众客户。经销商与公司实际上是在同一条船上的，谁也离不了谁，共同为客户服务。只不过，站在公司的角度，渠道就是一切。公司的优势在于能够提供质优价廉、受客户喜爱的产品，有能力调控分布广泛错综复杂的分销网络。而经销商本身作为中间环节是可共享的社会资源，公司只是合理利用其作为同盟军罢了。

经销商的利益可从眼前利益和长远利益两方面来界定。经销商的利润是通过进销差价获得，但其最大化的实现既不是靠扩大差价，也不是靠一时一事的销量猛增。具有实力和成熟的经销商，通过长期稳定地经营优质名牌产品来建立商业信誉，提供良好的销售服务来扩张和维护分销网络（二级、三级批发商及零售终端），在销路畅通的基础上保有一定的销售量，从而获得稳定的利润。

经销商在进货价格上与公司讨价还价，不仅是为了增加毛利，还必须让利于下家，甚至有时为了争夺下家而亏本竞相降价。因此，公司一味迁就经销商降价未必能解决问题，更重要的是理顺渠道以保障各级经销商有稳定合理的利润。公司应协助经销商有序竞争和改进服务，对积极执行公司销售政策的要及时奖励，对违规者要有理有据地加以惩罚，将经销商的利益与公司利益统一起来。

经销商是公司产品在市场上赖以生存并发展的唯一支柱，选择合适的经销商并与之合作，显得尤其重要。

那么，小公司该怎样选择经销商呢？又该如何与他们通力合作呢？

（1）适宜选择刚起步做市场的，经济实力和市场运作能力较一般的经销商。

正是由于这些因素，这类经销商非常需要公司的支持，同时对合作的公司忠诚度比较高。如果公司的销售政策完善，多向他们描绘一下公司的发展前景，基本上引起经销商的兴趣。

（2）让经销商按照公司的发展战略去运作整个市场，促使整个渠道网络稳固发展。

（3）由于这类经销商的资金实力和运作市场能力均有限，需要公司保持高度的警惕和具备强劲的市场管理团队，通过指导和协调，来帮助经销商与公司一同成长。

那些大而强的经销商，必然要求也高，一般的小公司往往很难控制，所以一开始尽量不要选择这类经销商。要知道好的经销商未必一定合适，而合适才是最重要的。

▉ 招商，招商，招来天下商

公司招商是建立销售渠道的第一步，招商的成功，喻示着好的开头。因此，小公司要注重产品招商工作，全力策划一场有吸引力的产品招商，吸引各地的经销商、代理商及从事零销业务的客户前来洽谈，建立稳定、友好的生意合作关系。

要想策划出一场成功的有吸引力的产品招商，小公司要着重做好以下四个方面的工作：

1. 招商之前要解决三大问题

一是产品卖点的提炼；二是推广方案的设计；三是相配套的销售政策；在此基础上，公司才能制订切实可行的招商方案。

2. 招商策划书的拟定

招商策划书一定要阐明以下几个要点：一是科学的市场潜力和消费需求

预测；二是详细分析经销本产品的赢利点，经销商自身需要投入多少费用；三是要给经销商讲解清楚如何操作本产品市场，难题在哪，如何解决。

3. 摸清经销商的关注点

通常情况下，经销商比较注重以下五点：一是公司的实力；二是公司营销管理人员的素质；三是推广方案的可操作性；四是产品市场需求和潜力；五是经营该产品的盈利情况。

4. 招商成功离不开具有轰动效应的招商广告

招商广告应避免过分夸大和空洞吹嘘，不如诚恳地说出自己的弱点，表明自己的决心，以赢得经销商的重视。

小公司要注意树立自己的品牌意识，招商人员要经过严格的专业培训，热情而不失分寸地接待经销商，使用规范的接待用语。

▌ 客户去哪儿买，产品就在哪儿卖

现代营销观念认为，公司所有的营销活动都要围绕客户的需求来进行。就此而言，小公司设计营销渠道一定要针对客户的需求来进行，离开客户需求设计的渠道就会成为摆设，就会失去市场。

这就要求小公司的管理者密切注意市场动向，收集市场信息，了解客户需求，为渠道设计提供翔实的参考资料。

1. 售后拜访倾听客户意见

这是保持以市场为主导的方式，在客户购买你的东西后，找出营销过程和产品交付有什么不一致的地方。找出售前与售后客户感受到的差别，这有助于优化自己的营销策略。

2. 询问关键客户群的意向

直接询问客户，他们最大的困难是什么，他们对未来怎么看。尤其要仔细倾听最忠诚的客户和最不忠诚的客户在观点上有什么区别。虽然他们都在购买你的产品，但他们的动机、信念、态度可能大相径庭。

3. 经常询问客户有什么新情况

养成一种习惯，经常问你的客户和同事"有什么新情况"，你就可能掌握比竞争对手更多的情况。

4. 更多地了解和讨论你的竞争对手

提出明确的问题，将你的产品与竞争对手的产品进行对比。客户在购买你的产品时也会毫无疑问这么做。很多情况下，你心目中的市场竞争对手不同于客户所想的竞争者。

5. 更多地学习以了解你的客户和所在行业

现在网络系统非常发达，有耐心的学习者便能够有机会了解大量信息。管理者要善于借助网络等其他途径来了解本行业的最新动态，了解公司的新老客户和潜在客户的情况。你学习了解得越多，你就越能清楚地掌握市场的动态，从而设计出可靠、畅通的营销渠道。

客户需要什么，你就卖什么。客户去哪儿买，产品就在哪儿卖。渠道是连接产品和客户的桥梁，设计营销渠道不仅要考虑公司的产品特性，更要考虑客户的需求。渠道只有满足了客户的需求，合乎客户的"胃口"，客户才会购买你的产品，营销才算真正发挥了效力。

小公司管理需要注意的是，渠道开发之后并不是一成不变的，还需要针对消费需求的不同而随时调整。

▼ 小公司拓展渠道的6大战术

小公司要生存，要发展，就要全力提高产品的质量，以质量打开市场，赢得广大客户的关注。但是质量再好的产品，如果没有良好的销售渠道，也会"藏在深闺无人问"，成为一堆废弃的产品。

因此，小公司要尽其所能地拓展渠道。渠道拓展了，公司就可以突破经营的困境，将产品通过渠道源源不断地输送到市场和客户的手中，为公司获得丰厚的财源。同时还可以省去很多麻烦，减少销售人员的数量，减少不必要的开支。公司只要把自己和经销商双方衔接起来，与各级经销商搞好合作，就可以控制渠道，将产品通过经销商转卖给客户，实现产品和客户的对接。

渠道是小公司必须去攻克的。那么如何攻克呢？可以从以下几个途径入手：

（1）渠道比品牌更重要，在还没有站稳脚跟的时候，先把产品卖出去，进入渠道是最重要的。

（2）高利润定价、低利润销货，给渠道和经销商足够的利润，这样他们才会愿意帮你的忙。

（3）公司要做好人员促销。如果对方让你派人去促销一定要去做，通常这笔账是划算的。你可以借此深入了解合作伙伴的优劣和渠道的整体状况，为公司决策提供最直接的信息。

（4）产品必须优质、有特色、是客户需要的。

（5）足够了解竞争对手的情况，知己知彼才能百战百胜。要了解竞争对手的门店分布数量、定价方针、促销方式、扣款状况、采购和结算方式、采购员的权限、物流系统，等等。这样你才能超越对手。

（6）在电子商务平台上建立商铺。

小公司不要满足于一个客户、一个渠道，而是一个渠道做好了，再去找别的渠道。

▶ 激发渠道活力，实现双方共赢

经销商为什么愿意销售公司的产品，因为有利可图。小公司与经销商打交道首先要明确这个最基本的出发点，然后再合理利用好双方的资源，帮助经销商赚钱，帮助他们成功，公司的营销才能获得成功。

要帮助终端经销商取得成功，小公司应做好以下几步工作：

（1）要结合实际为经销商作前景分析，让经销商全身心地投入市场开发工作中。

（2）要了解经销商的经营品类，并共同分析各品类在销售中所占的地位和资源耗费。

进行品类分析后，要结合产品进行市场分析，结合实际对市场容量进行调研，找出同行的卖点和市场份额，然后根据产品的优势确定竞争策略和目标市场计划。

（3）和经销商一起制订市场开发计划和资源投入规划。

在资源投入方面，切忌让经销商单方面投入，公司一定要协助经销商。

　　除了协助经销商做好销售工作外，小公司还要制定完善的渠道激励机制，通过相关的激励措施来激发渠道各级经销商的积极性，从而激发渠道活力，大幅提高营收利润，实现公司和渠道成员的共赢。

　　小公司在制定渠道激励政策时，管理者要把握以下几个要点：

　　（1）渠道激励一定要与整体的销售政策相配套。

　　（2）设计激励考核体系要适度。

　　（3）制定合理的激励指标和奖励目标。

　　比如，可以先设定保底销售指标，再设立销售激励目标，两者的差距可以是20%~50%。假设最低销售指标是100万，那么销售目标可以是120万~150万。奖励政策就可以按实际完成数来进行，假如正好完成100万，那就按完成指标的奖励兑现，如果超额完成，除了该得的指标完成奖以外，还要给予超额的奖励。

　　（4）基础指标。

　　可以根据经销商的历史记录以及市场销售情况相结合，进行充分评估以后来确定，并经过双方共同认定。

　　对经销渠道成员的激励是公司渠道管理中非常重要的环节。公司渠道政策的不健全，缺乏有效的激励机制，就会影响营销活动的进行，影响公司的核心竞争力。公司赢得了经销商的忠诚，也就赢得了市场的稳固发展。这是小公司的管理者最需要下功夫去做的。

　　需要注意的是，制定渠道激励机制要根据公司的实际情况来进行。目标太容易完成，公司得不偿失；目标过高，又缺乏实际意义，吸引不了经销商。

▌ 遍地撒网不可取，渠道并非多多益善

在渠道的选择上，有的小公司片面地认为渠道越多越好，热衷于到处撒网，遍地开花，营销网点多得不计其数。殊不知，营销管理不是"大跃进"，没有对市场的深入研究，没有对公司资源的全面规划，没有经营远景的指导，盲目布点，遍地撒网，最终只能导致失败。

因销售渠道建设不当而走向衰落的公司有很多，但被同一块石头绊倒的公司也不少，这是为什么？最主要的原因，就是没有把握好公司自身的实力和能力、规模和效益的平衡，盲目追求广而多的渠道，追求短期的利益。

公司在遍地撒网的时候，是否应该考虑一些问题？如公司的营销管理是否能够跟上渠道网络拓展的步伐？公司有没有足够的人力、物力、财力、时间、资源来应付市场的巨大需求？渠道网络建设需要付出多高的成本？什么时候可以回收？竞争对手的渠道网络情况是怎样的？渠道网络准备自己建设，还是借助经销商以及众多的中间商的网络？公司是否有足够的能力应付渠道网络突发事件？

利用人员数量布局大而广的渠道，采取的是对地区市场掠夺性的开发，虽然短期内能够成功，但这种渠道的负面影响很大。渠道网络呈现出复杂性、混乱性、脆弱性，效用明显下降，问题层出不穷。

如渠道的主要成员经销商店大欺客，"挟网络以令公司"，不仅和公司讨价还价，还控制销售政策，频繁跳槽；市场营销与终端开发不够细致，造

成终点和区域盲点；渠道成本巨大，厂商毛利率低；营销管理难度加大，工作烦琐，日常帮助与管理工作量加大，投入人力、精力增加，"跑冒滴漏"现象越来越严重；价格战频繁；业务员"身在曹营心在汉"，拿着几家公司的薪水，吃着回扣……

庞大的营销网络依靠层层审核，无法使厂家快速对市场变化做出反应，信息传递速度变慢，市场反馈迟缓，低级分销商跟不上厂家步伐，难以及时、准确地了解产品的各种信息，不能配合厂家全国范围的促销活动，促销方案大打折扣。

而且，更多的"网点"只是流于形式，没有真正的销售能力，在渠道上扮演的只是一个"信息中转站"或"仓储中转站"的角色。"网点"职能不能得到有效的加强，不能和经销商进行有效地沟通，并在销售上对其进行更好的激励。与客户的有效沟通很难放在首位，渠道浪费显而易见。

也不能说大而广的渠道网络就不好。只是小公司资金少、管理能力弱，不适宜遍地撒网，到处布点。渠道没有好坏之分，关键是合适。什么样的渠道是合适的呢？毫无疑问，当然是与公司管理能力相匹配并且畅通的渠道。

第三章

人员推销术：

用对人做对事卖对货

公司的营销计划要靠人去实施，产品的销售要靠人来实现。人是营销活动的发起者、推进者、终结者。离开了人，公司的营销就无法开展，营销目标就无法实现。

制订了营销计划，生产了产品，搭建了营销渠道，小公司就要组建自己的营销队伍。要加强对推销员的素质和推销技巧的培训，将他们打造成市场的"尖兵"，与客户进行面对面的"亲密接触"，说服客户购买产品，让营销计划成功落地。

▼ 小公司要重视人员推销

人员推销是指公司派出推销人员亲自向目标客户对产品进行介绍、推广、宣传与销售，是与客户或客户面对面的口头洽谈交易的一种促销方式。

具体而言，人员推销的任务包括在营业场所接受订单、上门征订、建立信誉、培养现有或潜在客户、充当技术顾问、运送产品等。

人员推销必须依靠推销人员来完成。公司可以建立自己的销售团队，使用本公司的销售人员来推销产品。

人员推销通常是和客户面对面地进行交易商谈，具有交流充分、服务方式灵活、适应性强、弹性大、效果明显等优点。即使是在通信手段日益先进的现代，人员推销与其他促销方式相比仍然具有不可替代的作用。

其作用主要表现在以下方面：

1. 寻求客户

巩固老客户，吸引新客户，不断发现潜在的需求和市场是人员推销的一项基本的工作。为此，推销人员必须研究与需求相关的资料，如市场调研资料、中间商提供的有关资料等，从而明确并了解自己的目标客户，提供相应的服务满足其需求。

2. 传递信息

人员推销是信息传递的使者。人员推销通过销售人员把公司产品的信息准确有效地传递给潜在的客户，以使其了解本公司的产品，激发其对本公司产品产生需求；同时，还能将客户对本公司的产品意见、要求以及其他需求信息及时反馈给公司，促进公司改进产品或其他方面的营销策略，更好地满足客户的消费需求。人员推销起到的是一种信息双向传递作用。

3. 扩大销售

人员推销的中心任务就是推销产品。推销人员与客户直接接触，面对面地为客户解答疑问，可以增强客户购买产品的信心。并且通过销售技巧的运用，诱发客户的购买欲望，从而达到扩大销售的目的。

4. 提供服务

服务贯穿于人员推销的全过程。推销人员为客户提供的服务，按销售过程划分，有售前、售中、售后服务。不能将推销出去产品当作唯一的和最终的目标，不但要注重售前、售中服务，更要重视和加强售后服务。推销人员提供的服务包括给客户提供咨询、给予技术帮助、安排资金融通和加快交货等。

5. 分配调剂

推销人员可以利用自身接触的点多面广的优势，为产需双方"穿针引线"。比如，对市场供应紧张的产品，在公司不能保证满足所有客户需求数量的情况下，推销人员应进行协商分配。而对于供应有余的产品，推销人员应积极寻找销路，实现此地积压彼地脱销的产品调剂。

6. 建立关系

在建立与客户的良好合作关系方面，尤其是长期关系，人员推销具有独特的作用。通过建立客户档案、定期回访、与客户进行经常性沟通、为客户提供必要的服务等方式，可以为公司建立起稳定牢固的客户基础，有利于公司的长期发展。

▶ 人员推销重在"精准"和"深度"

小公司在开展人员推销时，要确定好人员推销的目标，然后围绕目标组织推销人员对客户进行面对面的推销。

这样做的意义在于，推销员在推销时能够做到有的放矢，既能在合适的时间和合适的地点将合适的产品卖给合适的客户，精准地推销产品，又能以点带面，深度开发客户，扩大客户群，提高产品销量。

（1）人员推销首先要有明确的目标。

在传统的营销观念里，人员推销的目标就是追求销售额的最大化，推销人员的任务就是卖、卖、卖，完成的销售额就是评价一个推销人员业绩的唯一标准，而市场营销策略和利润率等问题则是市场营销部门关心的事。

现代营销观念认为，人员推销的目标不是唯一的。推销人员除了负责推销产品外，还应该注意发现并帮助解决客户的问题，收集分析市场情报，估量市场潜力，参与制订市场销售策略和计划等。推销人员不但要为公司赚取利润，而且要使客户得到满意的产品及服务；不但要懂得推销艺术和技巧，而且要懂得整体营销战略。

人员推销目标的确立必须综合考虑公司营销目标、促销策略、客户特征以及市场状况等因素的影响。

（2）人员推销要"精准"和"深度"双管齐下。

在人员推销过程中，对于不同类型的客户，要采取不同方式打交道，以实现"精准"和"深度"的有机结合。

①单个推销员面对单个客户。即一个推销员每次只与一个现有客户或潜在客户谈话，进行一对一的推销活动。

②单个推销员面对一群客户。即一个推销员与一个客户群体比如采购小组接触，向他们推荐和介绍公司产品。

③推销小组面对客户群体。即一组推销人员面对一组或一群客户进行推销。

④推销会议。即推销人员会同公司有关职能部门人员，以业务洽谈会的形式向客户推销产品。

⑤推销研讨会。即推销人员与技术人员一起，为客户单位举办有关产品技术发展状况的讲座或研讨会，增进客户对公司技术的了解，培养客户对本公司产品的认识和好感。

▶ 管理者的形象决定营销成败

作为小公司的管理者，不仅要带领员工搞好销售工作，自己同样也要做销售。而要做好销售，就必须注重形象，塑造一个令人赏心悦目的良好形象。管理者的形象好坏对人所产生的影响是巨大的。如果管理者穿戴整齐，大方得体，客户一眼就觉得这个管理者很专业，也会自然而然地产生一种信赖感。这种信赖感自然就会转移到产品上去。但如果管理者衣服褶皱不平，而且满面尘灰，客户很难会与之交谈，更别指望达成交易了。

当然，对于管理者来说，也没有必要追求衣着华丽、光鲜亮丽，这种刻意地打扮会让客户生厌，还会加大销售成本。对服装仪表的最起码要求就是干净、整齐，给人以清爽、精神的感觉。

对管理者的形象具体要求如下：

头发能较好地表现出一个人的精神状态，管理者的头发应该是精心梳洗和处理过的，但不要给客户造成奶油小生的形象。耳朵和眼睛都必须清洗干净；鼻毛不可以露出鼻孔；牙齿要清洗干净，在与客户交谈的时候口中不应该有异味；胡子要刮干净或修整齐；没有任何人喜欢握一只脏手，因此双手必须保持清洁，而且指甲要干净和修理整齐；对于衬衫来说要注意领口和袖口的清洁，同时要注意和西服搭配协调，西服的口袋最好是不要放东西，特别是那些容易鼓起来的东西；鞋袜须搭配平衡，要注意及时清理鞋上的泥土，否则会给客户造成不好的印象。

在人和人的交往中第一印象往往是最重要的。第一印象能在较短的时间内形成，并且很长的时间内无法改变，因此要想赢得客户首先必须赢得客户的第一印象。良好的第一印象不仅表现在衣着仪表方面，而且还表现在站姿上。

正确的站立姿势是做好销售的基础。过于古板和刻意的站姿往往表现出管理者的紧张和缺乏信心，但过于随便的站姿又表现出管理者的漫不经心和不专业。因此良好的站姿要挺拔端正，同时还能给人以放松自然的感觉，不要过于僵硬。

递交名片是管理者礼仪中必须加以重视的重要环节。管理者在和人初次见面，打完招呼后，就应该递交名片了。递交名片最忌讳给对方造成草率、马虎的印象。以下是递交名片时应该注意的问题：

首先，自己的名片应该放在固定的地方，最好是有专业的名片夹，避免在需要时到处乱翻。其次，名片的质量应该比较好，由于名片摩擦次数较多，因此容易损耗。最后，接过对方名片时要用双手去拿，拿到名片后轻轻念出对方的职位和名字，如果职位过低就不要念出职位，还可根据对方的工作单位和职位说上两句恭维的话。当然也可以右手递交名片，左手接拿对方名片。

作为小公司的管理者，要想开拓营销局面，提高公司的营业利润，就必须从多方面努力，其中一个最基本的方面就是推销自己，而树立良好的形象是推销自己的必要条件。对于管理者来说，要想有一个良好的形象必须从最基本的方面——服装仪表做起。

不仅如此，管理者也必须教导销售队伍的员工们按照自己的做法来做，做一名合格的业务员。

推销员要对产品了如指掌

传统的产品概念认为产品是指公司提供给市场并能满足人们某种需要和欲望的实体，它比较注重产品的物质实体。这种营销观念严重地阻碍了公司的发展，尤其是产品的开发和营销活动。现代市场营销认为，产品是指为留意、获取、使用或消费以满足某种欲望和需要而提供给市场的东西。这一概念既包括了有形的产品，又包括了无形的产品。产品的整体概念分为五个层次：核心利益、一般产品、期望产品、附加产品和潜在产品。

核心利益是指公司为客户所提供的最基本的效用和利益，是对公司基本需要的满足。对于一个买矿泉水的客户来说，他想获得的核心利益就是解渴，而不是矿泉水本身。

一般产品是指核心利益的载体，是产品的基本形式，如矿泉水。

期望产品是指客户在购买产品时所希望得到的一系列属性和条件，如客户希望矿泉水干净卫生。

附加产品是指产品包含的各种附加服务和利益。

潜在产品是指某种产品最终可能提供给客户的所有属性。

小公司管理者要让公司的推销员熟悉产品知识。推销员的义务在于服务客户，而服务客户就必须深入地了解客户的需求，并能够及时解答客户的疑问，以便于更好地满足客户的需求。

对于推销员来说，充分了解自己的产品是进行推销的前提。如果一个推销员对自己的产品都不了解，心存侥幸，寄希望于客户不询问细节，这简直是异想天开。事实表明，对于推销员推销的产品，客户基本上都会问一些产品问题。如果推销员无法回答客户提出的产品问题，就无法赢得客户的信任，产品也就无法推销出去，这样的推销员是不合格的。推销员不但要说出产品很好甚至是最好，而且要知道产品如何很好甚至如何最好。这就需要推销员要对产品的性能等知识清楚明白。

IBM公司要求自己的推销员必须是个专家，因为对于计算机产品来说，只有专家才能够对产品有很深入的了解，才能够回答客户提出的各种专业性问题。IBM认为一个推销员必须接受严格的产品知识培训，才能够去求见客户。对他们来说，一问三不知的推销员是很容易砸掉IBM专业化品牌形象的。

对于小公司管理者来说，要想让员工提高销售技术，提升销售业绩，就必须认真学习产品知识，而且让员工也熟知这方面的知识。

对于产品的了解和专精是个动态的学习过程。它不仅要求推销员熟悉产品的规格与特性，而且要求推销员不断地收集与产品有关的各种情报，注意从各种情报中筛选出能够满足客户最大效用的有用信息，以便在进行推销的过程中及时地传达给客户。

任何销售技巧建立的基础在于对产品的充分了解，对产品充分了解的同时还必须突出重点。推销员首先应该为自己的产品设计一个卖点，这个卖点必须是能够吸引客户注意产品本身的。推销员没有必要面面俱到地介绍产品如何好，只需要充分了解产品的卖点并说出来，就能够很快地引起客户的购买欲，因为任何一个方面都突出的产品等于任何方面都不突出。

▌ 访问推销法：把生意做到客户家中

访问式推销，就是公司派遣推销员直接上门面向客户进行宣传和推销的一种方法。它易于拉近和客户的距离，具有亲善客户、加速客户购买决策进程、费用低、防止假冒和信息反馈快等优势。

20世纪90年代，美国采用访问推销的厂商不少于2000家，其中以雅芳最为成功，知名度最高，成为靠访问推销发家的世界一流化妆品公司。雅芳公司创立于1886年，其创始人叫麦肯尼尔，"访问推销法"是他最先运用的。

麦肯尼尔本来是做书报推销工作的。在推销书报中，他除了接受预订书报以外，更多的是沿街挨家挨户去推销。时间长了，他便产生了一个念头，在推销书报的同时，何不也推销其他产品？打定主意之后，他便选择了推销香水。后来，经过他的努力，香水的销售额反而比书报还大，而且赚钱也更多。于是，他就决定放弃推销书报，干脆专门推销化妆品。很快，他创办了一家香水公司，并取名为加利福尼亚香水公司。

麦肯尼尔不可能再像以往那样，亲自去沿街做推销工作了，他想出了一个办法：聘请许多家庭主妇为推销员，在各条街道上帮公司进行访问推销工作。其实不只是麦肯尼尔采用过这种方法，其他人同样也采用过，只是他运用得最好、最有效而已。因为，当时很多推销员在访问推销过程中，常常把一些质量差、价钱高的东西硬卖给客户，使客户吃亏上当，就再也不肯买第二次。麦肯尼尔则不然，他的公司确定了两条原则：一是被雇用的访问推销员只能在自己居住的街道进行，客户可随时找到推销员；二是质量差的物品可以找推销员调换。可见，麦肯尼尔的原则是对客户负责，不让客户吃亏，客户放心而愉悦地购买他经营的香水。公司很快发展、壮大起来了，推销员达万人，香水覆盖面由加州扩展到其他各州。

1925年，美国进入经济衰退期。然而经济不景气反而使加利福尼亚香水公司名声大噪。麦肯尼尔在雅芳河岸边买了一块环境静谧而优美的地皮，在这里又建成一家规模很大的香水工厂，并把公司名称正式改为"雅芳"公司。

可以说，雅芳公司的诀窍是将推销做到普通人中间去，做好产品与人相结合的工作。雅芳"访问推销员"分布在美国和世界各地，她们都是兼职的推销员，文化程度、年龄、社会地位都不相同。95％以上是妇女，75%以上有孩子，一半以上是没有推销经验的生手。在麦肯尼尔之后，雅芳公司的管理者仍然继承他的做法，坚持"访问推销"。如今，雅芳聘请的主妇"访问推销员"在全球已多达30万人。比如，哪条街道建起了一座时尚住宅，"雅芳"就在这座公寓里找到一位适合的主妇担任"访问推销员"，挨家挨户地去推销雅芳香水。

雅芳的30万推销队伍按照一定的组织形式，构成一座"金字塔"形式。一个推销员负责该地区300户人家的访问推销；每100~200名推销员之上有一位代理经理，负责对这些推销员的训练和监督；地区经理由雅芳公司的正式职员担任，直接由董事长管理。雅芳公司就是通过这种组织形式，访问推销到千家万户，培养出数以十万计的推销能手。

雅芳公司从诞生到发展、壮大，都是与"访问推销法"紧密联系在一起的。设立雅芳公司，源于麦肯尼尔在"访问推销"中受到的启发；公司的快速成长，靠的是"访问推销法"的鸣锣开道。雅芳公司的成功，在于对"访问推销法"的有效运用，把推销做到普通人中间去。

"访问推销法"的成功之处，在于能把推销做到普通人中间去。推销员在自己的居住地推销，使客户更为放心，而与之相对应的"金字塔"式的组织方式，实现了分散与集中的最佳结合。销售额的利润分成制度，为广大推销员提供了有效的激励。这两个条件是确保"访问推销法"能发挥最大效能的关键。

▗ 培养推销员对客户表达真诚和尊重

小公司管理者必须启发推销员学会对客户表达自己的真诚和尊重，这样才能保证所有的销售技术能够得到运用。

推销员对客户真诚和尊重是应该的，但是仅有推销员对客户的真诚和尊重还是远远不够的，还必须让客户真切地感受到推销员对客户的真诚和尊重。很多推销员对客户是相当真诚和尊重的，但是他们以为做到这点就足够了，殊不知他们的真诚和尊重信息并没有传达到客户，也就是客户感受不到。

让客户感到真诚和尊重的方法很多，热情无疑是一种比较好的办法。对于推销员来说，充满热情比任何知识都重要。推销员要想成功推销产品，首先就必须突破客户的戒备和防范，将这种戒备和防范转化为信任或者同情，向客户表达自己的真诚和尊重。推销员所进行的事业是人和人的沟通，心和心的交流。推销员要想获得成功首先必须用自己的热情去感染客户，由热情散发出来的活力与生机、真诚与尊重，一定能感染客户，引起客户的共鸣。试问如果一个推销人员缺乏热情，面无表情，始终冷冰冰的，谁会愿意去接近他，谁又会愿意让他接近？

向客户表达真诚和尊重还可以通过在细微的地方关心客户来实现。有这样一个故事，有个公司的采购部如果有推销员前来洽谈业务，就会在门前地上常年放着一块脏兮兮的布。大多数推销员对那块布视而不见，抬脚就跨了过去，但是很快就失望地走了出来。最后来了一个推销员，小心翼翼地将那块布捡起，扔进了垃圾桶里，结果这个推销员和该公司达成了交易。该公司对此行为的解释是，如果来访的推销员对这块有损本公司形象的脏布都毫不在意的话，那么又怎么能指望其对本公司表示真诚和尊重呢？这种说法确实很有道理。

推销员对客户表达真诚和尊重应该体现在细微之处。某儿童保险推销员向某位客户推销保险时，这位客户的小儿子从其面前跑过，结果摔了一跤，这个推销员没有任何反应，仍然是继续向客户推销保险。这位客户有些不满，上前把儿子从地上抱起来，就对推销员下了逐客令。该推销员表示不理解，希望和客户进一步商谈。该客户愤怒了，指着推销员的鼻子说："我儿子在你面前摔倒，你都不扶一下，你让我怎么相信你推销的儿童保险能保障我儿子的权益呢？"最后，推销员只好灰溜溜地离开。

以理服人不是上上策，以情动人才是上上之策，尤其是在人情社会，对与错评判的标准往往是人心的向背。

让客户感觉不到真诚和尊重是推销员的失败。从对客户的第一个微笑开始，推销员就应该明确在给客户的推销过程中要表现自己的真诚和尊重，同时要让客户切实地感觉到真诚和尊重，否则就很难达成交易。成功的推销员首先是赢得客户的信赖，然后才赢得生意。

启发推销员和客户沟通感情

和客户沟通感情是任何推销活动中所必需的。小公司管理者应该让推销员和客户积极地沟通感情，以达到增进关系、提升销售效果的目的。

和客户沟通感情必须要有耐心，不能急于求成。急于求成的推销员往往认为自己的时间宝贵，却没有考虑到如果没有达成交易，那推销的过程就是浪费时间。这种现象就好像为了贪图便宜，购买了许多质量差、价格很低的产品，结果每一件产品都不能使用浪费了大量的钱。这样购买倒不如选择一个质量有保证、价格较高的产品。推销员与其在有限的时间内试图和两个客户沟通，倒不如在有限的时间内和一个客户达成交易。

在推销员和客户沟通感情时，管理者要让推销员理解并把握好以下五点：

一是不要让谈判陷入困境。

当推销员遇到谈判难关时，比如价钱始终谈不拢或者产品本身有些问题无法使客户满意。在这样的情况下，双方千万不要僵持不下，可以先谈一些次要问题，如付款的方式，通过转移客户的注意力来促使客户对主要问题的关注。

二是不要太快同意客户提出的条件。

不管客户与推销员达成什么样的协议，推销员都不要太快敲定。因为会让客户产生这样的念头：要么有更好的结果，要么其中一定有问题。因为推销员谈判的目的不仅是使自己在销售中获得最大利益，而且还要安抚客户的心理。要让客户相信，他们确实占了很大的便宜。即使客户什么便宜也没有得到，推销员也应该让客户觉得占了很大的便宜。这样的推销员才是最佳的谈判者。

三是让客户觉得推销员没有进一步要求其购买的感觉。

如果推销员与某个客户已经成功地达成了一项投保的交易后，又试图卖给客户一项附加险，客户可能认为这个推销员已经获利颇丰，还要花钱买附加险，自然会产生不满情绪。在这种情况下，推销员完全可以向客户卖个关子："您想看一看我们这个险种的附加险吗？这个险种我一般不向别人推销的，但以您的情况，我觉得再加一个附加险很有必要。只要再多付一点钱，就完全可以得到更多的保障。"以这种方式询问，客户不会那么容易拒绝。

四是故作惊讶状。

当客户提出一些要求，即使这种要求在推销员能够满足的范围内，推销员也可以故作惊讶、勉为其难地答应客户的要求，让客户不便于再提出其他的要求。如果推销员很容易地就答应了客户的要求，那客户往往会提出更多的要求。

五是在达成交易后不要得意忘形。

在达成交易后，推销员不要流露出轻松的姿态，不要放松对客户的戒备。客户往往从推销员得意忘形中感到后悔，怀疑自己的决定是否轻率。放松对客户的戒备，往往会导致已经达成的交易被客户推翻。

▶ 教会推销员在推销时淡化商业色彩

小公司管理者要教会推销员在推销时淡化商业色彩。因为客户一旦形成对商业鄙视的观念，就很难在一段时间内改变，会排斥和拒绝推销员的推销。

对于推销员来说，淡化交谈中的商业色彩可以使交谈过程进行地比较顺利。如何淡化交谈过程中的商业色彩？管理者可以启发推销员从以下几个方面努力：

一是通过赠送小赠品来淡化商业色彩。

在大多数人看来，商业的目的在于谋利。但推销员要反其道而行之，以给客户送小赠品的方式淡化交谈中的商业色彩。小赠品的选择要有所讲究，一般不要选择和公司有直接联系的赠品，比如有公司标志的纪念品。当然有些公司喜欢赠送和公司有关的赠品，以此达到良好的宣传效果。赠送赠品的方式需要讲究，一般来说，赠品的接受人最好不是客户本人，因为客户本人很可能会出于礼貌而谦让，因此赠品可以送给与客户关系密切的人，如客户的孩子等。

二是通过谈论一些比较轻松的话题来淡化商业色彩。

这些话题主要包括社会问题、家庭问题和孩子教育问题等。在谈论这些话题的时候千万不要探询客户的隐私，也不要随意发表评论和提出建议。即使是客户主动要求提出建议，推销员也最好不要自作聪明，知无不言，言无不尽。因为客户主动要求提出建议往往是出于礼貌，他希望得到推销员还在认真听的讯号。

三是通过老乡、亲戚关系来淡化商业色彩。

我国是一个十分重视血缘关系的亲情社会。通过和客户攀亲戚和拉老乡关系自然能够淡化商业色彩。客户往往对陌生人怀有戒心，但是对老乡和亲戚往往没什么戒备的。这种方式在我国最大的限制不是在客户方面，而是在于推销员个人的心理障碍。推销员往往会避免在亲戚、老乡之间做交易，害怕因此而使本来良好的社会关系变成了赤裸裸的金钱关系。

四是通过避免现场交易来淡化商业色彩。

　　推销员与客户交谈的过程中，如果能够得到客户的交易承诺，避免现场交易，这样能淡化商业色彩。因为在商谈的过程中，由于推销员和客户保持了良好的沟通关系，这种关系是建立在人际交往之上的。如果此时进行现场交易，会让客户觉得这种关系是建立在金钱基础上的。

　　对于推销员来说，还可以借助故事来进行推销。借助故事进行推销是推销员采用的一种比较高明的推销方式，它能够有效地淡化商业色彩，并使客户的戒备心理松懈下来，便于交易的达成。但是借助故事进行推销，最好是讲一个令人难忘的故事。故事情节是否真实是其次的问题，高明的推销员善于根据部分真实的情节来组织自己的故事，以求迎合客户心理。但是对于推销员来说，故事的核心内容应该是真实的，在故事中谈论的人也尽可能地保持其真实性。最好不要让客户在重要环节上找出故事的破绽，故事的表述不要前后矛盾。

▉ 微笑推销术：推销员的笑容价值百万

　　微笑传递着友善、礼貌、亲切和温馨的气息。它虽然没有给别人任何物质，微笑者并没有花费多少精力，但它给对方一种无限舒心的感觉。

　　微笑作为一种无言的推销技巧，可以将友好、融洽、和谐、尊重、自信的公司形象和温情的气氛传染给客人，为交易成功打下良好的基础。微笑，人皆会之，似乎不值得一提，然而要笑得自然、亲切、得体、有魅力，并非易事，若能将微笑修炼到这种程度，那还有什么样的客户征服不了呢？

日本明治保险公司的"推销之神"叫原一平。他25岁从事人寿保险推销工作，30岁创下日本人寿保险的"第一招揽业绩"。从此，他屡创新高，自43岁起保持营销额全国冠军长达15年，并跻身"日本百万美元推销者俱乐部"，其后还凭超人业绩成为该俱乐部终身会员。

如此傲人的成就使其他推销员钦佩不已。日本政府为表彰原一平"贡献巨殊"，破例授予他"四等日旭小绶勋章"。之所以称为破例，是因为日本国对绩效上佳的首相福田赳夫也只授了五等勋章。日本的经济界、实业界对原一平更是赞誉有加，诸如"最理想状态的推销员""热忱撼动人心的顶尖推销员""第一个国际扬名的保险业大王""笑容价值百万美金的推销之神"，等等。

恒心和毅力是原一平推销成功的关键。他身材较矮，其貌不扬，为扬长避短，苦练微笑，最终整理了多达38种笑意的"笑容目录"，其项目之繁多、差异之细微，颇为翔实。总之，但凡生意场可能用得着的微笑，原一平都尽力练习，一旦需要便从容自然地看向对方，以求在双方相顾一笑中收得回报。

作为一名推销员，能否把自己的产品推销出去，往往取决于你留给客户的第一印象。在客户的第一印象中，你的衣着打扮固然很重要，但最重要的是精神状态。所以，当你踏入客户的办公室时，如果让客户首先看到的是一张阳光灿烂的笑脸，那么，你留给客户的第一印象就非常好，因为亲切而又自然的笑容永远是受欢迎的。

第一次拜访客户时，如果你带着一张灿烂的笑脸进门，可能会让你省去很多程序性的介绍和麻烦。微笑就像春天的阳光，能驱赶人们心中的不愉快，改变心情，制造与客户交流所需要的和谐气氛，当然，这种微笑首先也会改变你自己。对于推销员来说，微笑是一张心灵的名片，必不可少。如果你呈递给客户的第一张名片是笑容的话，那对于你的客户来说，它远比你身上穿什么样的衣服更重要。

作为推销员，如果脸上总是能面带微笑，且善于因人因事而适度微笑，那对于你来说无异于拥有一笔巨额的无形资产。在人们的工作和生活中，没有一个人会对一位终日愁眉苦脸的人产生好感。相反，一个经常面带微笑的人会使周围的人心情开朗，受到周围人的欢迎。在一般情况下，如果你对别人皱眉头，别人也会用皱眉头回敬你；如果你给别人一个微笑，别人就会用更加灿烂的微笑回报你。

因此，小公司管理者要教导推销员开展微笑推销，掌握微笑的技巧，在推销中养成微笑的好习惯，用微笑促进销售过程中的良好气氛，温暖每位客户的内心，最后获得一张又一张的订单。

◤ 打造市场尖兵的“20条军规”

公司的推销员直接面对广大客户，是连接公司和客户的桥梁和纽带。他们的主要工作就是收集市场资料、寻求客户、沟通产品和服务信息、提供便利服务、销售产品。推销员的工作直接关系到交易的成败，关系到公司生产和经营的好坏。

一个推销员的销售技巧是可以培训出来的，关键在于小公司管理者要采取正确的培训策略和方法。

管理者在对推销员进行销售技巧培训的时候，可按照以下“20条军规”进行，将推销员打造成市场的“尖兵”。

（1）推销员必须对产品充分了解。对于推销员来说，充分了解自己的产品是进行推销的前提。推销员不仅要熟悉自己所推销产品的优点和缺点，而且要熟悉竞争对手产品和替代品的优缺点。因为没有最好的产品，只有更好的产品；没有完美的产品，只有有一定缺陷的产品。

（2）让客户感受到利益。推销是个双赢的过程，推销员和客户都应该获得自己所需要的利益。而且对于推销员来说，最为重要的不是自己获得多少利益，而是客户所感受的利益。因为推销员获得利益的多少是个结果，而这个结果需要客户感受利益的过程来实现。重视过程，满意的结果自然就水到渠成。

（3）充满热情，热情打动别人。对于推销员来说，充满热情比任何知识都重要。有人曾说：推销事业是充满热情的人从事的终生职业，当热情消退时，推销事业也就走向了衰退。对于推销员来说，所进行的事业是人和人的沟通，心和心的交流。推销员要想获得成功，必须用自己的热情去感染对方，由热情散发出来的活力与生机、真诚与自信，一定能感染客户，引起客户的共鸣。

（4）注重礼仪，自始至终给客户留下良好的形象。推销员要想获得较大的成就，就必须从多方面努力，其中一个基本的方面就是推销自己，而树立良好的形象是推销自己的必要条件。个人的形象存在于他人的感觉之中，形象的好坏会对他人的感觉产生影响。因此为了尊重别人的感觉，个人必须对自己的形象予以重视。

（5）要有耐心，尊重挑剔的客户。耐心是一个推销员应该具备的基本素质，推销本身的基本特征就是从拒绝开始，如果推销员没有耐心，一遭到拒绝就立即放弃，是很难取得成功的，同时也会给客户造成不好的印象。尊重挑剔的客户成了推销员进行业务推广时必须具备的基本素质。

（6）不要向客户抱怨，尤其是不要向客户抱怨竞争对手。同情心虽然能够促成销售，但它并不是十分高明的办法，那些试图通过向客户抱怨来获取同情的做法更显拙笨。抱怨虽然能够获得同情，但是这种同情往往已经成了施舍。对于一个推销员来说，不断地抱怨公司、竞争对手或者环境，只会让客户感到厌烦。优秀的推销员根本就不会让抱怨成为他和客户交流的话题。他们认为抱怨解决不了任何问题，反而会把问题弄得更糟。

（7）有些话最好不要说。说话，人人都会，但说好话并不是人人都行的。对于推销员来说，怎么说话是一门学问，需要好好学习和实践。推销员必须注意以下问题：一是不说批评性话语；二是表达尽量大众化；三是回避敏感话题；四是不要谈隐私问题；五是不要问质疑的话题；六是不谈不雅的话题。

（8）察言观色，善于捕捉成交信息。在销售场合中，推销员不仅要做到业务精通，口齿伶俐，还必须要做到善于察言观色。

（9）信心十足，永远相信自己是最好的。信心是任何事业成功的基石，推销事业的成功更来源于自信。要想取得成功，要想登上成功的顶峰，只有靠自己的努力。而且成功与否就取决于自己是否在争取成为第一，不受任何人的干扰。

（10）消除心理障碍，培养正常的成交心态。成功的推销员会时刻把握住两件事情：做正确的事和正确地做事。相信自己能为客户带来价值并积极和客户接触，这是做正确的事，但是如果要正确地做事，还必须做好承受失败的心理准备。消除心理障碍，保持正常的成交心态，就要求推销员保持一颗狂热的心。

（11）谨慎处理客户异议，努力促成交易。没有异议的客户是最难应付的客户。客户有异议表示推销员提供的利益目前仍然不能满足其需求。推销员不可信口开河处理异议，异议的处理力求让客户感到真实和可靠，推销员说的每一个解释都是一个承诺。

（12）充分利用最后的成交机会。和客户谈判要时刻准备着离开谈判桌，这样做不是因为不想签约，而是利用最后的成交机会来达成协议。如果推销员确信客户已经离不开他，完全可以充分利用最后的成交机会来实现产品的销售。

（13）要保留一定的成交余地。任何事情都不要绝对化，一定要留有余地。别把话讲太满，以至于没有回转的余地，这是推销员和客户沟通的大忌。尤其是用一种十分肯定，甚至是绝对的口吻对客户说话，往往容易遭到反驳或者抵触。

（14）注意倾听。再也没有比拥有一个忠实的听众更令人愉快的事情了。对于倾听者来说，在人际交往中，多听少说，善于倾听别人讲话是一种高雅的素养。因为认真倾听别人的讲话，是对说话者的尊重，人们往往会把忠实的听众视作完全可以信赖的知己。对于推销员而言，积极地倾听客户的谈论，有助于了解和发现有价值的信息。

（15）承认产品缺陷，缺陷产生信任。产品不可能十全十美，产品的质量也只可能更好而不可能最好。推销员在推销产品的时候千万不要说自己的产品质量是最好的，因为没有多少人会相信。一般来说，如实承认产品缺陷才能够得到客户的信任。

（16）借势推销。推销员要灵活应变，很多危机情况都可以将危险转化为机遇。其实危机本身就是危险和机遇并存的。高明的推销员会将种种危机转化为机遇，从而获利。关键就是推销员必须有灵活应变的意识和思路。

（17）用产品说话。推销员在向客户推荐产品时，仅凭口头上说"好""不错"之类的话，显然是不够的。在必要的时候，还必须向客户展示产品的优点。

（18）站在客户的立场上介绍产品。因为市场为买方市场，交易之所以达成是因为产品能满足客户的需要。推销就是将客户需要的产品通过人员介绍的方式传递给客户。

（19）理解客户的拒绝。客户拒绝推销员是再正常不过的事情，推销员一定要理解客户的拒绝。如果哪个推销员没有遭到任何拒绝，他肯定是还没有开始他的推销业务。因为在推销界，即使是世界级的顶尖推销员，也会屡屡遭受拒绝。

（20）让客户感觉自己掌握了主动。无论推销员如何引导，在成交过程中发挥了多大的作用，千万不要忘记最后做决定的还是客户。最后由客户做决定是推销员必须遵守的成交准则，因为客户才是成交利益的带来者，如果客户在成交过程中处于被动地位，那他就很难有耐心将整个过程继续下去。

▶ 让公司上下行动起来参与营销

现代的市场营销，不仅仅是单个营销人员的事情，它更需要企业每一位员工的共同参与，实施团队营销战术，依靠团队全体成员的力量开拓市场，开发客户，推销产品，最终实现客户满意最大化、产品销量最大化，使企业获得稳定的利润和长远的发展。

许多企业很早就已经强调"团队营销"这个概念了，可常常得不到其他与营销部门无直接联系或合作较少部门的员工的支持与关注，这些部门和人员各自为政、莫衷一是，并不关心营销状况，企业是否盈利，并没有把自己纳入一个较大的"团队营销"范畴之内。这种状况应从思想意识中及时、彻底地加以改变。

实施团队营销战术，主要有以下三大优势：

一是营销团队的业绩，这不只是公司管理者、营销主管关注的事，而是成为团队中每个人都自觉关注的事，使团队内个体利益与整体利益一致化。企业引入团队营销模式，可以解决好企业内部互挖"墙角"、外部营销"撞车"的问题。

二是通过群策群力，充分调动营销团队所有资源和一切积极因素，从而能更好实现企业的整体目标。企业引入团队营销模式，容易争取到重大项目。试想，当你告诉客户，有一个强大团队的专业人员为其服务，客户会怎么想？同时，也可以处理好重大项目营销分工的问题，不会电脑排版、制表的营销人员可以解脱出来，专心做好客户联系等工作。

三是营销团队中，每个营销人员在向同一个目标前进时，自身的能力建设、学习水平同团队的整体业绩一并提升。企业引入团队营销模式，可以强化员工专业特长，提高团队整体素质，很快就能适应市场竞争。

公司开展团队营销，可以按以下两种类型来组建营销团队：

1. 项目引领型

因项目而组成的临时性团队，组成时间视项目开发时间而定，项目开发完成以后，随之解散，这种团队被称为"项目引领型"。

以项目经理为负责人，通过临时内部竞选（或者选派），从各部门抽调市场调研、文案策划、产品设计、数据分析、信息技术支撑和营销推广等人员，共同组成一个项目营销团队，明确大致任务指标，在规定时间内完成既定目标。项目开发完成后，团队递交项目完成情况报告书，经过指标考核评定，公司根据指标完成情况给予不同等级的项目开发奖励，并以项目开发成果和数量决定年终分红。经领导同意后，团队解散，人员回到各自专业岗位继续工作。

"项目引领型"团队比较适合于综合性、临时性的项目营销工作，能够在企业内实现营销人才的自由重组，节约人力资源。

2．多团队策略型

根据各重点专业成立的固定营销团队组合，组合时间较为长久，人员相对比较固定，称为"多团队策略型"。

例如，贺卡营销团队、账单营销团队、赠品营销团队等，每个营销团队内有市场调研、文案策划、产品设计、信息技术支撑和营销推广的分工。如果一个项目方案只涉及一个专业的营销，只需将项目划分给相关专业的营销团队开展工作即可。项目结束后，公司根据业绩给予相应的奖励，团队依然存在，可以开展日常营销工作并策划开发下一个项目方案。遇到涉及多个专业的项目方案，也可以用多团队策略解决，先确定一个项目经理总负责人；然后将项目任务计划分解下达给各相关团队，限定期限完成任务；在项目方案结束后，递交项目完成情况报告书，公司根据完成任务的质量和时限给予各营销团队奖励和表彰。

在现代公司中，营销工作越来越表现出其集体性、协作性，其他人员的支持和参与也显得越来越重要。比如，技术人员的技术服务、办公室人员的电话业务处理和销售分析、服务人员的运送及安装以及高层管理者的参与等，这都是营销活动的一部分。

小公司要想在市场竞争中立足，并拥有广阔的营销市场，就需要企业从上到下都有着一种全员营销、全员参与市场竞争的思想和意识，如此企业才能不断扩大市场占有率，扩大客户群，获得理想的利润空间。

第四章

直接营销术：

让订单似雪片般飞来

　　对于初创阶段的小公司来说，受财力和人力的限制，大面积辅设渠道或大幅度推广产品，未免有点不切实际。在这种情况下，小公司可以使用"营销十八般兵器"中的一种古老而又颇具威力的"兵器"——直接营销。

　　直接营销又称直复营销，是通过人员、直邮、目录、电话等沟通载体，跨过中间环节直接面对终端客户，进行面对面沟通，促成产品到商品再到货币的销售完成的营销战术。直接营销的特点是花钱少、收益大，这种一本万利的生意，小公司何乐而不为？

▶ 直接营销是小公司的首选

戴尔是全球领先的计算机系统直线订购公司。戴尔公司的经营思路很清晰，就是摒弃公司与客户之间的一切经销环节，直接把产品销售给客户。公司从产品设计、制造到销售的全过程都是以聆听客户意见、迎合客户所需为宗旨。他们通过各种媒体与客户沟通和互动，迅速得到客户的反馈，及时获知客户对产品、服务的建议和要求，对客户的需求做到精益求精，为每个客户量身定做产品。产品从厂商到客户手中，只需等待7~10天。之所以能够以这么快的速度运作，用戴尔人的话说：在其他公司还在埋头苦猜客户想要什么产品时，我们早就有了答案。因为我们的客户在我们组装之前，就明白表达了需求。

营销专家们普遍认为，戴尔制胜的法宝就是销售模式——直接营销。

美国直接营销协会（DMA）对直接营销的定义如下：直接营销是一种为了在任何地方产生可度量的反应或达成交易，而使用的一种或多种广告媒体互相作用的市场营销体系。根据这一定义，营销的重点在于获得一个可度量的反应，即从客户的需要出发获得订单。因此，它可被称为直接订货营销。

直接营销迅速发展的时期是在20世纪90年代。市场"高度多样化"导致了对有区别偏好的市场补缺数量的日益增加。昂贵的汽车油费、交通堵塞、停车不便、缺乏零售店的帮助以及结账时排队，等等。这些都引发了在家里不需要出门就可以购买这一消费行为的出现，刺激了直接营销方式的诞生。

免费电话号码的发展，使得直接营销者无论是在晚上或星期天都愿意接受电话订货的行为，也促进了这一营销方式的发展。而快递、空运以及其他运输公司的24小时和48小时的送货服务也是促进直接营销发展的一个主要因素。此外，许多连锁店一直疏于专门性项目，这就给直接营销公司推销这些产品提供了机会。最后，计算机的发展使直接营销公司得以建立客户基础信息网，从中找出自己所要推销的最佳对象。

直接营销具有其他营销方式所不具备的独特好处：

（1）直接营销顺应了客户的个性化需求，可以为每位客户量身定制的独一无二的产品。

（2）直接营销减少了销售环节，将产品直接送到客户手中，大大降低了成本，产品价格自然更加物美价廉。

（3）直接营销给客户带来了许多好处。直接营销服务到家，客户足不出户就可以购买到满意的产品。客户认为在家中购物有趣、方便，并且节约了时间，他们通过浏览邮寄目录单和网上购物服务，比较产品，为自己和别人订购产品。

（4）直接营销给销售人员也带来了一系列好处。它提供了更广泛的潜在市场。一个直接营销者几乎可以买到各种人的名单：左撇子、超重者、百万富翁、新生婴儿，等等。然后，这类信息可以个性化，也可以定制。直接营销者还可以与每一个客户建立长期联系，经常性地从客户库中选择一些客户寄出生日贺卡、信息资料或小的赠品，以建立强有力的客户关系。

（5）产品采购者也能从中获得好处，尤其是不必花费很多时间与销售人员会面，便可了解各种产品和服务情况。

（6）直接营销不需要多少广告成本，就能吸引很多客户。

随着互联网信息技术的普及，直接营销有了更多的营销方式，更容易接触客户，更快捷地满足客户需求，直接营销也就拥有了更大的发展空间。小公司通常没有太多的费用投入营销，管理者要多了解和研究直接营销的特征和方式，充分利用直接营销开展营销活动，力争以最少的投入获得最大的营销成果。

直接营销的3个关键词

直接营销的关键词是“特定”“精确衡量”和“回复”。

“特定”是指直接营销强调信息传递的针对性，重视向特定人群的传播。首先，信息传递的对象必须是产品或服务本身的目标客户，他们是否对该产品感兴趣？他们是否能够支付得起价格？其次，对于不同细分市场的客户要传递的讯息不同，比如零售业往往拥有部分客户的资料信息，对于经常光顾的忠诚客户和偶尔来店的客户最好用不同的沟通方式，甚至要给予不同的优惠幅度。

直接营销的特定特征在客户需求多样化，客户对被尊重和重视的需求增强的今天显得格外重要。

“精确衡量”是强调结果的可衡量性。直接营销活动必须给营销者带来客户的反馈和购买行为，并且这些反馈或购买的数量是可以被精确统计的。直接营销活动所驱动的购买行为需要零售点进行统计，从而可以调研直接营销活动对于销售额的贡献量。

直接营销对于“回复”非常重视，“回复”可以看到客户是否立即行动。因而，营销活动中“刺激”和“优惠”成为每一个直接营销活动设计的重中之重。直接营销策略强调促销手段能够帮助客户立即做出行动，所以常见的直接营销活动中会经常带有号召立即行动的信息，包括折扣、赠礼、抵价券、加量、抽奖等。

直接营销中所强调的反馈是两个方面：客户即时购买的反馈；传播方式是否有效的反馈。每一次反馈数据的分析都能让公司更清楚地掌握信息通过哪些途径有效地传递到了哪些客户手中，客户更喜欢接受怎样的传递方式和信息。通过这个过程的重复，公司就能更快地找到你的重点人群，并进行相应的市场策略调整。

▌ 直接营销的6大常规战术

小公司要搞好直接营销，首先必须要了解直接营销有哪些形式，然后结合公司的经营规划和市场动态、客户的消费趋势，来选择最合适的直接营销方式。

直接营销有哪些战术呢？归纳起来，有以下几种：

1. 面对面推销

直接营销最基础和最原始的形式是面对面地访问、推销，这和人员推销的方式大同小异。

2. 直接邮寄营销

直接邮寄营销包括向一个有具体地址的客户寄发报价单、通知、纪念品或其他项目。应用高度选择的邮寄清单，公司可每年向客户发出一定量的邮件——信件、传单、折叠广告和其他"长翅膀的销售人员"，比如光盘、录像带，甚至计算机硬盘。公司要会辨别那些最可能购买、最愿意购买或者已准备购买的客户和潜在客户的各种特性。

3. 目录营销

目录营销用于当公司把一种或更多种产品目录邮寄给有可能签订单的地址时。在美国，目录销售是一项巨大的业务——目录营销者每年寄出124亿份，共计8500种以上的产品目录。邮购业务的成功很大程度上依靠公司仔细管理客户名单而无重复或坏账的能力，谨慎控制存货的能力，提供优质产品以及树立一个鲜明的以客户利益为重的形象的能力。一些邮购目录公司为了突出自己，经常在其产品目录上增加一些文字色彩或其他信息，寄赠一些小样品，开设热线电话回答各种问题，向其最好的客户寄送礼物以及将一部分利润捐赠公众事业。

4. 电话营销

电话营销已成为一项主要的直接营销工具。在美国，每个家庭平均每年收到19次征求订货的电话，向外拨打16次要求订货的电话。有些电讯营销系统是全自动的，如自动拨号录音信息处理机可以自动拨号或播放有声广告信息，通过答复机装置或将电话转给总机接线员接受感兴趣的客户的订货。

5. 会议营销

会议营销是指通过集会、开会的形式来宣传品牌、推广产品以及吸引客户的一种营销方式。会议营销是直接面对客户进行的营销方式，与潜在客户面对面沟通，一站式完成售前宣讲、销售交易以及售后解决等问题。这一点是其他营销方式都难以做到的。

6. 客户数据库营销

客户数据库被用于有组织地收集关于个人客户或预期客户的综合数据，这些数据是当前的、可接近的和为营销目的所用的，它引导产生名单、审核资格、销售产品或服务、维持客户关系。数据库营销是建立、维持、使用客户数据库和其他数据库（产品、供应商、零售商）的过程，其目的是联系和交易。

用客户数据库的信息装备起来后，公司获得目标市场精确的数据大于大众化营销、市场细分。公司能辨认更小的客户群并获取具有较强针对性的营销报价。一个开发良好的客户数据库是公司取得竞争优势的无形资产。

▌ 直接营销的实战要点

直接营销战术的运用必须以具备各种条件为前提。

首先，它必须有三大支持，即市场的支持、数据的支持和技术的支持，做直接营销离不开这三大支持。一定要有市场的支持才能做好直接营销；必须有强劲的数据库支持，才能有效率；直接营销需要多种手段的综合、整合、复合，因此需要技术的支持。当然，这三点的核心是人员，要想做好直接营销就必须有相应的人员，只有具备这样素质、性格品质的人员才能做好直接营销。

其次，要想做好直接营销也离不开高效管理。比如，如何运作呼叫中心、如何运作直接营销的部门、如何设计你的产品方案。

最后，做好直接营销离不开顺畅的工作流程。如果流程顺畅，部门之间的每一个环节都是到位的，那么直接营销的成功率将大大地提高。

实际上，直接营销就是针对性的销售，找出营销的目标客户，这才能显现直接营销的作用。其中，打电话的每一个步骤或者寄信件的每一个步骤都是需要排兵布阵的，不是公司任何一个人都可以拿着名单每天打电话，通过数据来产生价值的。

目前，国内市场在呼叫中心领域的很多公司都收集了大量的客户信息，也就是说完成了信息的收集阶段，但是还没有进入到数据的整理、分析、挖掘、应用的阶段。

在直接营销的过程中，数据是非常关键的因素，通过对数据的搜集、分析和整理，可以发掘大量的潜在客户。据此，公司可以对他们实施有针对性的营销战术。小公司的管理者要树立数据营销的观念，重视数据在营销中的作用，将数据的挖掘、搜集、分析、整理作为一项重要的工作来抓，为公司的营销提供有价值的参考资料。

▶ 直邮营销：直接下单，立竿见影

直邮营销就是指公司在分析客户需求的基础上，将自身产品、公司等相关信息以邮寄的方式送到目标客户手中的一种精准营销方式。

直邮这种营销方式能够做到对客户精准分类、定向传播，并且具有保密效果好、成本低廉、实名投递、增强客户对公司产品的关注度、更灵活自主的执行方式等优点，直邮营销已经越来越被公司所青睐。

麦考林公司就是采用直线职能组织结构，其所有的产品都是通过直邮来销售的，公司也以邮购而闻名于世。麦考林邮购的具体操作程序就是将四本精心设计的产品目录——梵庭诗、欧风世家、健康美丽和宠物宝贝邮寄给公司的客户，通过其中详细的图示和文案来介绍产品，引起客户的兴趣，促使客户拨打热线下订单，经过确认之后，再将其所订购的产品在规定期限内送到客户所在地，货到付款，完成销售。麦考林邮购的业务量占据总业务量的绝大部分。可以说，邮购是麦考林在中国直接营销的根本，邮购销售策略的成败直接关系到公司的整体业绩。

当然，所邮寄的内容不仅仅是介绍产品的目录，还可以是一些优惠赠券，或者单张宣传公司形象或者劳务的海报，总之是一些能够给客户留下深刻印象，能提升公司形象或吸引客户购买产品的信息。在传递方式上，可以通过邮政机构送达客户手中，也可以将介绍内容作为报刊的夹页随报社、杂志编投递到读者手中。另外，公司既可以专门派人送到直接或潜在的目标客户手中，也可以是其住宅或单位。

当然，不同的客户就要选择不同的内容及不同的方式来进行。如果是生产和销售化妆品之类生活用品的公司，就可以将介绍产品促销活动的海报、传单做得足够精美，再投递给目标消费群。因为这部分人群是最终客户，他们通常购买的产品比较零散，且喜欢打折的产品，商家常常搞活动是吸引这些客户购买产品的方式。而产品目录可以通过电子邮件的方式投递到各地的经销商手中，因为经销商选购产品的数量比较大，他们一般不会被漂亮的海报吸引，而是直接根据所列产品的种类以及价格来选择购买哪些产品。所以，最好给他们较大的目录单，让他们选购。

不同的直接营销类型适合不同的公司，像直邮营销特别适合商场、超市、商业连锁、餐饮连锁、各种专卖店、电视购物、网上购物、电话购物等各类卖场和虚拟卖场，也非常适合其他行业相关产品的市场推广。

总之，直邮这种营销方式能够直接将自己的产品送到目标客户手中，很有针对性，大大降低了广告宣传等成本，直邮营销投入小、效果好，并且很实用，非常适合小公司开展营销。小公司管理者要将这种营销方式列为公司常规的营销手段，以享受独特的便利。

� 目录营销：一本目录打天下

目录营销是一种直接营销方式，它通过给目标客户邮寄印刷品、录像、电子目录等资料实现销售。

严格意义上说，目录并不是一种独立的直接营销媒介，它只是直邮营销的一种特有形式。通过发给目标客户关于介绍产品、介绍公司以及介绍促销活动的小册子，使客户能够更清晰地了解公司、了解公司生产的产品，并能从众多可选择的产品中，找到适合自己的产品。

目录营销战术是宜家的重要营销手段，他们认为向锁定的消费群散发目录手册，远比铺天盖地的广告宣传有效得多。所以，从1999年开始，宜家试探性地印刷了一本32页的产品目录小册子后，宜家就深深地喜欢上这种营销方式。

在与中国当地竞争对手争夺客户的时候，宜家努力降低成本并不断扩展在华业务，同时，将很多产品的价格降到最低，这时，宜家的产品目录上有一块是专门介绍降价促销产品。这对宜家争夺客户群，有效开展促销活动，起到了很好的辅助作用。

随着宜家在中国的发展，宜家又推出了5本新品手册。《美好家居指南》5本分册亮点各有侧重，风格也颇为鲜明。如此一来，宜家不仅通过目录营销促进了销售，还通过精美的目录册进一步巩固了宜家的品牌形象，提升了品牌美誉度和客户忠诚度。

另外，宜家目录手册通过降低厚度、增加印刷册数的方法，确保能让更多的客户看到宜家目录，使宜家在中国的更多目标客户拥有这本小册子。

目前的宜家目录手册已经变成了时尚生活价值观念的演绎者和记录者，随着公司发展目标的转变，宜家目录还将不断调整内容和版式、印刷册数来吸引客户到宜家选购产品。

可见，一本好的目录不仅有宣传促销的作用，还代表了公司的形象和文化，如果某公司的目录能够让大多数客户看到后就想到这家公司，那么，一本小小的手册就可以成为公司的招牌。如果能做到这样，公司定会蓬勃发展。

客户通过阅读小册子会对公司及产品留下一定的印象，如此反复，就能很快地了解公司，相应地，购买该公司产品的概率也就大很多。此外，目录营销很有针对性，能够针对目标客户进行分发，有效地降低了营销的盲目性，节约了广告成本。所以，目录营销也值得小公司试用，特别是对那些产品种类丰富的公司，给客户一本目录就能让客户看到所有产品，一目了然，增加了其购买的可能性。

随着科技的进步和日益直接化、个性化营销的发展，目录营销带给人们更多全新的体验。在互联网高度发达的今天，目录营销的实现形式有了更多的选择。例如，目录不一定要印刷出来，可以压缩成一个文件包，通过电子邮件发送给客户，从而大大节省成本；目录可以做成网页，供客户浏览。现在有越来越多电子化目录传递到千家万户。

总之，小公司不要忽略目录的作用，要设计出形式多样、精美精致的目录来吸引客户的眼球，让更多的客户了解和关注公司的产品，在产品和客户之间架起一条便捷的桥梁。

▶ 电话营销：千里"商缘"一线牵

电话营销就是利用电话直接向客户销售产品，它已成为直接营销的主要宣传手段。

对善于利用电话的销售人员而言，电话是一项犀利的武器，因为电话没有时空界限，还节省时间，而且在一小时内电话营销比面对面直接营销能接触更多的客户。

但是，现在人们越来越反感推销员打电话推销产品，为了避免吃闭门羹，赢得更多与潜在客户交流的机会，小公司的电话销售人员要学习一些接近客户的技巧。

1. 准备要充分

一是拨打电话之前，把想要给客户说的资料准备妥当。打完电话之后，将谈话的内容记下，如客户刚刚患了感冒，嗓子沙哑了或者情绪不好等，方便他日回访时再用，如果你能够巧妙地提及客户的往事，对方一定会把你当作知己。

二是将所有打电话时要用的文具准备妥当，方便随时使用。如一支签字笔、一个笔记本用来记下客户的资料，甚至一份教你打电话的资料。对于初次尝试的朋友，在未念熟对白时，是很难开口的。如果照着话术去读，会比较方便一些。在单独进行打电话这个步骤时，要耐得住寂寞，因为任何一个外人，都会令你紧张和分心，切勿让旁观者骚扰你。

三是挑选适当的时间去找客户。

　　四是要有准备。将要说的内容提前熟读，直到掌握气氛，投入自己的情绪，说话才可以产生效力。如果只是照单宣读，便会失去一种感情，很难打动别人。

　　五是订立一个工作时间表。每个通话时间不超过3分钟，每天拨打电话时间总和以2小时为限。如果工作过长的话，自己的嘴巴会疲累、口舌打结、反应迟钝。但也不宜时间太短，通常前面半个小时比较生疏，慢慢才能进入状态。

2. 要利用适当的工作时间

　　针对不同的客户需要在不同的时间打电话，比方说：会计师最忙的时间是月初和月末，不宜打电话；医生最忙的时间是上午，下午则比较空闲；行政人员上午10点半到下午3点最忙；股票行业人员最忙的时间是开市；银行职员上午10点前，下午4点后最忙；教师最好选择放学的时候；主妇最好是早上10点至11点。通过对这些不同客户忙闲规律的总结，我们就可以在客户闲下来的时候打电话，这样能增加与客户交流的可能性。

3. 不要在电话里谈事情

　　一是不要在电话里介绍产品，更不能向客户介绍产品的效果。一定要保持神秘感，见面再谈，千万不能在电话里说得太详细。越是神秘越能引起客户的好奇。

　　二是不要在电话里分析市场行势，如哪家公司做得好，哪家公司销量不好，更不要在电话里进行批评，无论是优点还是缺点，都避免在电话里提及。

　　三是千万不要和客户发生争执，更不要教人做事的方法。

　　四是千万不要谈得太多，更不要在电话里口若悬河地演说。谈得太多是销售人员的大忌，如果你在电话里什么都讲清楚了，客户会还想见你吗？

　　其实，打电话的目的就是要找一个见面的机会。客户答应的话，及时确定见面的时间和地点。电话挂断之前，再次重复时间和地点，以便确认。

4. 要注意说话的态度

　　一是语速适中，口齿清晰。你自己知道在说什么，但是对方明白吗？电话的作用不是让你自言自语，是要互相沟通的，你是专家，而别人是第一次接触，太快、太急是没有结果的。

二是要慢慢练习出来一种风格。你试过朗诵没有？当你初次念一篇文章时，感觉很生硬，但念了几十遍之后，你便掌握其语句，这就是熟能生巧的道理。

三是要热情。作为一位销售人员，目的是给别人介绍一套好的方法，为了提升客户的方法而努力工作。所以，你想成功，便要通过诚恳、热情的话语去感染对方。

四是说话要充满笑意。当你开口的时候，要含有笑意。笑声是能感染人的，对方要见的是一个开心的人，而不是愁容满面的人。

五是打电话的时间是正常的工作时间，切勿在打电话时吃东西，甚至吸烟。因为有时会因吸一口烟而影响发音，让对方发现你对待工作不认真，就会不尊重你。

六是坐姿要正确，不要东倒西歪、摇摇晃晃。试着让同事演示给你听一下，你肯定能感受到对方的状态。摇晃身体发出的声音和端正坐姿发出的声音是不一样的。

5. 掌握电话应对技巧

打电话不一定能带来生意，但是在通话过程中说得好一定能带来生意。因此，掌握电话的交谈和应对技巧是很有必要的。至于打电话与对方交谈的方法呢？当然是越简单越好。

下面介绍一下在电话中说话的程序。请记住以下要点：

对人要正确称呼，如先生、经理、董事等头衔一定要明确叫出来；先说明自己的姓，再说明名字，以便加深印象。如姓李，叫李力，这是尊敬自己肯定自己的方法；要注意礼貌；要强调自己的公司。

把握好与对方交谈的时间。如向对方请求允许会谈的时间，要强调只用一分钟，并不是占他太多的时间。有时候，对方知道是一分钟，会让你讲下去；如果对方的答案是"不"的时候，那就只好收线，拨下一个电话。如果对方太忙的话，你可以这样说："我晚些再给您致电，是下午三点还是五点呢？"如果对方忙，当然没有时间和你交谈，你指出将会回电话。销售工作最难的地方就是克服自己急于求成的心理。

总之，打电话也是一门艺术，如何再客户听到第一声时就产生兴趣？如何吸引客户购买产品？如何回答客户的一些疑问？这些都需要电话推销人员细细琢磨、仔细总结。

◤ E-mail营销：为产品和客户"做媒"

E-mail营销是公司通过E-mail向客户发送邮件，推销产品和服务的一种营销方式。电子邮件是继电视之后最成功的传播技术，已成为最受网民青睐的一种交流方式。人们与电子邮件的"亲密接触"，使电邮开始成为公司营销的最佳手段之一。

用于营销目的的电子邮件应该有明确的主题。邮件的主题是收件人最先看到的信息，邮件内容是否能引人注意，主题起到相当重要的作用。邮件主题应言简意赅，以便收件人决定是否继续阅读。另外，还要注意以下事项：

1. 内容要简洁

电子邮件宣传不同于报纸、杂志等印刷品广告，篇幅越大越能显示出公司的实力和气魄。电子邮件应力求用最简单的内容表达出你的诉求点，如果必要，可以给出一个关于详细内容的链接（URL），收件人如果有兴趣，会主动点击链接的内容，否则，内容再多也没有价值，只能引起收件人的反感。要用通俗易懂的语言介绍公司的产品能为客户带来什么好处，特别是公司的产品与你的竞争对手有什么不同，或许在功能上，或许是在服务上，必须与众不同。谈话过程最忌夸夸其谈，丝毫不注意客户有什么感觉，谈论内容一定以客户为中心，让客户感受到你是实实在在地为他着想。

2. 邮件格式要清楚

虽然说电子邮件没有统一的格式，但它毕竟是封邮件，作为一封商业信件，应该参考普通商务信件的格式，包括对收件人的称呼、邮件正文、发件人签名等要素。邮件要能够方便客户阅读。有些发件人为图省事，将一个甚至多个不同格式的文件作为附件插入邮件内容，给收件人带来很大麻烦，最好采用纯文本格式的文档，把内容尽量安排在邮件的正文部分，除非有必要才插入图片、音响等资料。

3. 发送E-mail，收集反馈信息，及时回复

可以选定群发邮件，也可针对某些客户进行单独发送。开展营销活动应该获得特定计划的总体反应率（如点击率和转化率）并跟踪客户的反应，从而根据客户过去的反应行为作将来的细分依据。当接到业务问询时，公司负责邮件处理的人员应及时做出回复，最好在24小时以内。拖的时间越长，对公司的形象损害越大。注意养成每一天都查收信件的习惯，并做到及时回复。这样做，不仅表示公司重视客户的问询，也显示出公司的工作高效以及公司对客户服务的重视。在对潜在客户的问询做出及时回复之后，还应该在两三天内跟踪问询2~3次。要知道，很多人一天会收到大量的电子邮件，你的回复很有可能被忽略了，或者不小心被删掉了。跟踪联系意在确认客户确实收到了你的回复，同时也给对方受重视的感觉，还传达出你希望赢得这笔业务的诚意。

4．更新邮件列表

根据从客户那儿得到的信息进行整理，更新邮件列表，创建一个与产品和服务相关的客户数据库，增加回应率，同时了解认可的水平。客户认可的水平有一定的连续性，发送的每封邮件中都应该包含着允许加入或退出营销关系的信息，没有必要用某些条件限制客户退出营销关系。通过这些信息，加深个性化服务，增强客户的忠诚度。

5．提供E-mail营销的后续服务

（1）接到订单时要及时确认，明确发货时间。及时确认，是一项基本的商业礼节，客户都有这样的需求。在接到订单时，应迅速予以确认，向对方表示感谢，明确订货详情和发货时间。

（2）提供个人信息保护。据调查，大约有77%的互联网客户为避免在一些网站登记个人信息而离开。除了因为登记过程占用时间和精力外，更主要是因为牵涉个人信息。

（3）开展提醒服务。据统计，半数以上营销人员已经进行过提醒服务和定制提醒计划的实验，包括时间提醒（如生日）、补充（如替换、升级）和服务备忘录（如预定维护）。提醒服务专注于现行客户需求并塑造了将来客户的购买行为。可以考虑发送其他各种免费信息，以增加客户的认同感。

（4）对忠诚客户提供更多的优惠服务。获得一个新的客户比留住一个现有客户代价要大得多，这是基本常识。但现实的情况往往是对忠诚客户投入的服务越来越少，甚至收取更高的费用，特别促销优惠条款只针对新加入的客户，实在有失偏颇。

随着网上出版商、电子零售商、金融服务供应商及目录发布人，不断创造出新的使用因特网进行营销的方式，电子邮件正以其覆盖面广、成本较低、效率高等特点，越来越受到公司的青睐。小公司要掌握和运用好电子邮件这一网络营销工具，为公司的营销开启一扇便捷的窗口。

▶ 数据库营销：从数据中淘出金山银山

"名址数据库营销真神！"一谈到利用邮政名址数据库营销，奇瑞汽车销售公司的负责人便会竖起大拇指。这位负责人的赞叹，源自2003年该公司与邮政的成功合作。2003年年底，安徽省芜湖市邮政局对全国组织机构名址库进行了深度挖掘，把信息提供给了邮政的大客户——奇瑞汽车有限责任公司。于是，奇瑞公司便通过该局在山西省发布了一则商函广告，没想到第二个月，奇瑞在山西的轿车销售量翻了一番，尤其是直邮购买轿车数量在总销售量中占到30%。2004年3月，该集团又向山东、江苏两省寄递了15万件商业信函，同样也取得了很好的效果。与此同时，芜湖邮局也实现业务收入60多万元。

数据库营销是20世纪90年代兴起的一种方兴未艾的营销形式，它是指公司通过收集和积累客户大量的信息，经过处理后预测客户有多大可能去购买某种产品，以及利用数据库信息给产品以精确定位，有针对性地形成营销信息，达到说服客户去购买产品的目的。

数据库是公司对所有重要客户信息的记录，包括姓名、性别、出生日期、爱好、通信地址、电话号码、客户来源、购买经历、历史联系记录等。通过对客户这些资源的有效整合，从而获取更多的营销机会。一个完整的客户数据库实际上就是整个市场的缩影。

通过数据库的建立和分析，公司对客户的资料有了详细且全面的了解，可以给予客户更加个性化的服务支持和营销设计，使"一对一的客户关系管理"成为可能。数据库营销是一个"信息双向交流"的体系，它为每一位目标客户提供了及时做出反馈的机会，并且这种反馈是可测定和度量的。

数据库营销与直接营销有很大的趋同性，两者都强调营销人员与客户的双向沟通，都强调量身定制的服务，都强调信息在营销中的重要作用，而且直接营销中也有对数据库营销的内在要求。但作为一种独立的营销理论，数据库营销侧重于从信息的角度开展营销工作，而直接营销则侧重于渠道的"直接性"，两者在出发点上存在明显的差异，这也导致在具体操作上的切入点有所不同。

一般来说，数据库营销一般经历数据采集、数据存储、数据处理、寻找理想客户、使用数据、完善数据等六个基本过程。

（1）数据采集，数据库的数据来源一方面通过市场调查客户的消费记录以及促销活动的记录；另一方面利用公共记录的数据，如人口统计数据、医院婴儿出生记录、患者记录卡、银行担保卡、信用卡记录等都可以选择性地进入数据库。

（2）数据存储，将收集的数据，以客户为基本单元，逐一输入电脑，建立客户数据库。

（3）数据处理，利用计算机把不同的数据综合并为有条理的数据库，产生公司管理层、产品开发部门、营销部门所需要的详细数据库。

（4）寻找理想客户，根据使用最多类客户的共同特点，用电脑勾画出公司产品的客户模型，将该类客户作为营销工作目标。

（5）使用数据，数据库数据可以用于多个方面：签订购物优惠券价值目标，决定该送给哪些客户；根据客户需求，判断开发什么样的新产品；根据客户特性，如何进行有效地宣传；根据消费记录判定客户消费档次和品牌忠诚度。

（6）完善数据库，随着以产品开发为中心优惠券反馈、抽奖销售活动记录，及其他促销活动而搜集来的信息不断增加和完善，使数据不断得到更新，从而及时反映客户的变化趋势，使数据库适应公司的经营需要。

数据库营销将传统营销和网络营销相结合，通过对从各种渠道推广反馈的数据信息进行分析，选择出最合适公司的客户，并对其进行直接营销，这不仅降低了公司的营销费用和业务成本，还提高了公司的核心竞争力。小公司要充分发挥数据库营销的作用，以达到用最少成本获取最大化成果的营销目标。

▼ 会议营销：汇聚四方"财神爷"

会议营销在某种意义上来讲，是对数据库营销的一种应用形式。具体是一种通过运用数据库管理方法和现代先进的信息技术，收集目标销售对象的数据，并对这些数据进行分析、归纳和整理，筛选出特定的销售对象，然后利用组织会议的形式，运用心理学、行为学等理念，进行针对性销售的一种营销模式。

安利的直销代表是怎样销售产品的？向陌生人推销的成功概率比较低，通过在家庭或办公室举办小型"营养顾问会议""营养课程"就比较容易成功。广泛地发动周边的亲戚朋友以及他们的人脉关系来一起学习营养学的知识，大部人都不会太反感。在讲授营养学知识的同时，穿插介绍安利产品的功效和优点，就有可能激发一些人的消费兴趣，成为忠诚的客户。

在很多美容院，也经常举办类似的会议和授课，而且都是免费参加的。费用不会由美容院支付，而是由销售美容产品的公司承担，因为美容院只是公司会议营销的承办者。

医药、医疗用品和保健品行业也广泛应用会议营销方式。周末的居民区、礼堂里经常会出现知名专家的健康讲座，这些讲座深受中老年人的欢迎，他们可以学到很多正确的保健和养生知识。与此同时，也会了解很多产品的功能和疗效，甚至当场就买回家了。

会议营销核心在于通过会议的方式解决客户的信任度问题，让公司的产品深入到客户心里去，让客户认识产品、了解产品、信任产品到最后的购买产品，而会议前的口碑传播更为重要。

会议营销分为两种：一是单一会议营销型，二是复合会议营销型。目前，单一型会议营销已经较少使用了，主要是复合型会议营销。

怎样进行会议营销呢？会议营销可分为三个步骤：

第一步：广泛搜集特定客户数据信息，建立数据库。

通过各种渠道收集客户信息，这些信息包括：客户姓名、年龄、家庭住址、联系电话、家庭收入、健康状况等，建立客户档案数据库，并对这些数据进行分析整理，把客户根据需求状况分类，确定目标消费人群。

客户数据信息搜集的渠道：

A. 熟人。如亲戚、朋友、同事、邻居等。

B. 通过熟人转介绍。

C. 陌生拜访。

D. 通过各种活动搜集。

E. 社区推广搜集客户档案。

F. 专柜或销售网点搜集客户资料。

G. 活动促销所登记的客户资料。

H. 联谊会、科普讲座所搜集的客户资料。

客户资料搜集完成后，要对客户资料进行分析，找出精准客户、目标客户、潜在客户。针对不同的客户进行不同的服务。

第二步：会议营销的组织实施。

确定会议的时间、地点后，针对目标消费人群发出邀请。会议营销主要以服务为主，以宣传健康保健的理念，免费的健康咨询、诊断以及客户喜闻乐见的文娱活动来吸引目标人群参加；通过专家的推荐，客户亲身试用产品以及业务员一对一的沟通，来促成销售。

第三步：跟踪服务。

对购买的客户进行售后跟踪服务，并对使用前后的效果进行比较，形成良好的口碑宣传。对未购买的客户进行继续跟踪，通过一对一的沟通，消除其顾虑，促成销售。

公司为了赚取利润、吸引目光、推销自己，不惜利用一切营销手段。面对现实的情况，一个有效的途径就是利用会议、论坛、研讨会或展会等来进行，即通过会议营销的方式。通过这种方式，可以有效地把公司的观点、理念、行为乃至产品传播给受众，从而达到提高自身知名度、树立自身形象和增加产品销量的目的。

开展会议营销，自筹备期起的公关宣传推广、预算控制到会议当天的活动执行与安全掌控，再到会议闭幕后的访客分析、优缺点检讨等，均是属于环环相扣、步调紧凑的工作。一个成功的会议除了可以达成原会议举行目的，还可提升形象，增加会议外围经济效益，甚至与其年度效益直接相关。因此，如何筹备一个会议，也即从会议主题的确定、会议的准备与宣传、会场的布置到票务的销售和会议现场的掌控，以及会后的分析检讨这么一个流程应该如何运作，怎样才能达到理想的经济效益和社会效益，是小公司需要用心考虑和慎重对待的一个问题。开展一场会议营销需要一笔不小的费用，小公司要做好预算控制，避免造成浪费。此外，还要控制开会的次数，不可频繁开会，过多地开会会投入大量费用，而且会议也不是越多效果就越好。

第五章

口碑营销术：

金杯银杯不如客户的口碑

　　"金奖银奖不如客户的夸奖，金杯银杯不如客户的口碑"，一个公司即使将营销计划做得天衣无缝，将营销环节做得无懈可击，但是如果忽视了口碑的影响，营销也会功败垂成、前功尽弃。

　　如果自己的产品和服务没有在客户中形成良好的口碑，又怎能期望客户去购买你的产品呢？小公司的知名度难以与大公司相提并论，应当注重通过口碑效应来推广产品。以质量争市场，以信誉赢客户，是小公司开展口碑营销的不二法门。

▶ "酒香不怕巷子深"的时代过去了

在一些现代营销人士看来，"酒香不怕巷子深"与现代营销理念是不相符的。虽说"酒香不怕巷子深"，但在如今竞争激烈的商业社会，"酒香也怕巷子深"，再好的酒、再好的产品也需要宣传，需要积累口碑，需要借助口碑的传播，让更多的客户知道才会有销路。

现代营销理念认同这一点：最好的广告形式来自亲朋好友的口头宣传，即口碑传播。在当前高信息量、快节奏的生活环境下，大多数客户已对商业广告的轰炸几乎无动于衷了。很多客户会拿着遥控器跳过电视中的广告，浏览报纸杂志时会毫不犹豫地翻过其中的广告版，对于路边的巨型广告牌或灯箱也视而不见。但是当他们听到一位亲友推荐某个产品或某项服务时，不仅会对此很感兴趣，而且多半还会亲自试一试，因为大多数人相信亲友不会向他推荐劣质产品。

菲利普·科特勒将21世纪的口碑传播定义为：由生产者以外的个人通过明示或暗示的方法，不经过第三方处理、加工，传递关于某一特定或某一类的产品、品牌、厂商、销售者，以及能够使人联想到上述对象的任何组织或个人信息，从而导致受众获得信息、改变态度，甚至影响购买行为的一种双向互动传播行为。

口碑传播其中一个最重要的特征就是可信度高，因为在一般情况下，口碑传播都发生在朋友、亲戚、同事、同学等关系较为密切的群体之间，在口碑传播过程进行之前，他们之间已经建立了一种长期稳定的关系。相对于纯粹的广告、促销、公关、商家推荐、家装公司推荐等而言，其可信度要更高。

由于在影响客户态度和行为中所起的重要作用，口碑传播被誉为"零号媒介"。口碑传播被现代营销人士视为当今世界最廉价的信息传播工具和高可信度的宣传媒介。各大公司纷纷利用口碑这一独特的传播工具开展口碑营销，使公司的利润获得了显著的增长。

西门子公司在开拓中国家电市场的营销策略中，除了针对目标消费群的特征和产品的风格精心设计出富有特色的宣传品之外，还通过适当的媒体向大众介绍西门子的家电新品外，充分利用口碑传播的宣传方法，策划出一些有创意、易实施的低费用营销项目，来面对竞争日益激烈的市场。当西门子滚筒洗衣机、电子温控冰箱越来越多的进入市场时，所有的西门子销售人员都感受到了这种高效率、低成本的口头宣传和推荐为他们带来的好处。一些销售区域经理感慨地说道："告诉那些西门子产品的使用者你想要他做什么，客户一般都会十分配合。在实际操作中，给那些对使用产品感觉不错的客户一些鼓励，他们会很乐意地向周围的朋友推荐我们的产品。"

什么是口碑营销呢？口碑营销是公司在调查市场需求的情况下，为客户提供所需要的产品和服务，同时制订一定的口碑推广计划，让客户自动宣传公司的产品和服务的良好评价，让人们通过口口相传了解产品，公司树立良好的品牌形象，最终达到公司销售产品和提供服务的目的。

口碑营销是一种非常有用的促销产品和服务的手段，是一种不需要高成本投入又成效显著的营销战术，非常适合小公司。小公司要重视口碑营销的作用，将口碑营销列为公司整体营销计划中的一项重要工作，借助口碑营销快速推销产品，树立品牌形象，增强公司在市场的影响力，以赢得越来越多的客户信任，让公司的利润节节攀升。

▼ 口碑营销三步曲：鼓动—价值—回报

口碑营销有利于公司的产品能快速地出现在客户的视野中，拓宽产品的受众面，提高产品的销量，并且有助于品牌形象的树立。

一次成功的口碑营销，需要经历三个步骤：

1. 口碑营销第一步：鼓动

赶潮流者是产品消费的主流人群，他们是最先体验产品的可靠性、优越性的受众，会在第一时间向周围朋友圈里的人传播产品本身质地、原料和功效，或者把产品公司、周到的服务感受告诉身边的人，以此引发别人跟着去关注某个新产品或新业务。

宝洁公司的Tremor广告宣传曾引起各方的关注和讨论，在口碑营销上，Tremor广告做足了"势"，靠大家的鼓动和煽情提升产品的认知度，宝洁投入了一定时间和精力，但实现了口碑营销的低成本策略。

鼓动消费精英群体，口碑组合化、扩大化，就能拉动消费，使产品极具影响力。的确，像宝洁、安利、五粮液等这些品牌公司，在口碑营销方面一直在努力，不仅调动一切资源来鼓动客户购买欲，而且还大打口碑营销组合拳，千方百计地扩大受众群，开展"一对一""贴身式"组合口碑营销战术，降低运营成本，增加消费。

2. 口碑营销第二步：价值

传递信息的人没有诚意，口碑营销就是无效的，失去了口碑传播的意义。任何一家希望通过口碑传播来实现品牌提升的公司，必须设法精心修饰产品，提高健全、高效的服务价值理念，以便达到口碑营销的最佳效果。

当客户刚开始接触一个新产品，他首先会问自己："这个产品值得我广而告之吗？"有价值才是他们在市场上稳住脚跟的通行证，因而他们所说的"口碑"的必须是自己值得信赖的有价值的东西。

当某个产品信息或使用体验很容易被人津津乐道，产品能自然而然地成为人们茶余饭后的谈资时，人们认为这个产品很有价值，易于口碑的传播。

3. 口碑营销第三步：回报

当客户通过媒介、口碑获取产品信息并准备购买产品时，他们希望得到相应的回报。如果公司提供的产品或服务让客户的确感到物超所值，很容易就能促成客户的持续购买行为，进而就能顺利地将产品或服务理念推广到市场，实现低成本获利的目的。

口碑营销的每一个步骤都是慎重对待。产品、服务的任何一点瑕疵都可能在市场上引起一场不良的口碑风暴。好的客户体验才会激发客户评论，这是口碑营销的基石。对小公司来说，要想使口碑营销产生预期的效果，首先要做的功课就是为客户提供非常好的产品与服务。经研究表明，如果客户对产品、服务不满，只有4%的人会向厂商抱怨，而高达80%的人则选择向亲戚、朋友倾诉。

小公司除了提供好的产品与服务之外，还可以帮助客户方便快捷地获取产品、发布评论、传播观点，放大良好口碑的影响力，尽可能地让口碑为刺激购买服务。

▌ 口碑营销的实战技巧

让每一位客户都能传颂自己生意上的"美德"，是公司经营者梦寐以求的。但口碑的形成并不是纯属意外、完全是碰运气或是自然发生的，而是有规律的、有技巧可循的。公司完全可以通过分析客户之间的相互作用和相互影响，通过实施必要的技巧促成口碑的发生、传播、扩散，进而形成口碑效应。

那么，公司需要采取哪些技巧才能实现这一效果呢？

1. 将广告变得"朗朗上口"

为了更有效地利用口碑，一切营销活动都应该针对更愿意传播产品的群体，在这些群体中首先传播这些群体最关注的信息。为此要把握两条标准：一是产品要有某种独特性，如外观、功能、用途、价格等；二是产品要有适合做口碑广告的潜力，将广告变得"朗朗上口"。

2. 引导客户进行体验式消费

辉瑞制药的"万艾可"没有太多的广告投入，但却能在短时间内风靡全球，重要的一点就是借助客户的体验式消费，使人们对这一产品优缺点等的议论和争执，几乎成为人们街谈巷议的焦点，"万艾可"经过人们的口碑传播成了全世界皆知的产品。体验式消费所带来的感受是深刻难忘的。因此，小公司要运用好体验消费这种真实而又神奇的营销方引发口碑效应，引导公司在营销中走得更稳、更远。

3. 学会利用品牌进行推荐

对于一个新产品来说，知名品牌的推荐，无疑会帮助客户消除心里的疑虑。如纽特威产品开始出现在市场上时，需要让客户相信该产品不会有异味，而且十分安全。第一点很容易证明，只要让客户亲自品尝即可。但要让客户相信第二点就比较困难。纽特威产品是安全的，这种品质特性，只有长期使用才能得以验证。当可口可乐、百事可乐及其他品牌推出含纽特威低糖的产品，无形中支持了其说法，"纽特威是糖安全替代品"也由此盛传开来。

4. 让品牌和故事结伴传播

故事是传播声誉的有效工具，因为它们的传播带着情感。21世纪初，意大利皮鞋"法雷诺"悄然登陆中国市场，而为国内影视明星、成功男士、政界名流等中高档消费群体所钟情的，不只是"法雷诺"皮鞋款式新颖、做工精细、用材考究，尽显成功自信、尊贵不凡的男人风范，还有一个充满传奇色彩的神话故事。

公元1189年，神圣罗马帝国皇帝腓特烈一世和英法两国国王率领第三次"十字军"出征，前往耶路撒冷。行至阿尔卑斯山附近时，天气突变，风雪大作，"十字军"脚冻得寸步难行。情急之下，罗马骑士FARINO（法雷诺）让其他人把随身的皮革裹在脚上，继续前进。14~15世纪，意大利北部城市一家有名的皮鞋制造商，为纪念法雷诺将军的这段趣事，将自己生产的最高档皮鞋命名为"法雷诺"。"法雷诺"的美名由此流传开来。

美丽而隽永的传说总是能让人对产品过目不忘。在为产品做宣传时，如果能融合生动的故事，更容易让产品打动人心，广为人知。

5. 关注自己的每个细节

影响客户口碑的，有时不是产品的主体，而是一些不太引人注目的"零部件"，如西服的钮扣、家电的按钮、维修服务的一句话，等等，这些微不足道的错误，却能够引起客户的反感，导致产品销量大幅度减少。

要赢得口碑，小公司就要对各项基础工作做得非常细致、到位，并持之以恒，只有各项工作做得超过客户的期望，才能得到他们的推荐和宣传，而那些领先于竞争对手或别出心裁的举措，更会让客户一边体验并快乐地享受，一边绘声绘色地传播。

6. 提供快捷周到的服务

一个将服务做得细致周到的公司，总会被人们津津乐道，人们对它的记忆极为深刻，也愿意购买该公司的产品。不仅如此，人们还是将该公司或产品告诉给周围的其他人，慕名而来的客户不断增多，公司因此而生意兴隆。从单纯的效益角度来看，花费大量精力做服务有点得不偿失，但从公司形象角度来看，它能为公司赢得良好的口碑，可为公司带来潜在客户。

一传十，十传百，百传千千万，口碑营销是一种不容小觑的传播方式，正显示出它独特、永恒的魅力之光。

▉ 引发口碑效应，赢得好名声

良好口碑对公司的品牌起到重要的推广作用。如果公司能得到广大客户的百分百好评，那么对公司产品的销售起到的推动作用是可想而知的。

好口碑可以引发口碑效应，可以让越来越多的客户关注并购买公司的产品，可以快速地促使产品销售、公司盈利。

一款产品问世后，很快就面临最头疼的一件事：推广产品，怎么才能在客户之间形成良好的口碑，使客户愿意参与进来，自发地为产品宣传呢？小米在这一点上做得很出色，只用了短短的三年时间，让小米手机成为家喻户晓、受人喜爱的明星产品。

小米快速成功的秘密何在？小米联合创始人黎万强将小米营销的胜利归结为口碑营销。

坚信"口碑为王"的小米在早期营销上花钱很少，甚至不花一分钱。黎万强在《参与感》一书的前言中写道：我们做了一个3000万的营销计划，想借用凡客已有的媒介资源计划做一个月的全国核心路牌推广，结果当面被雷军"拍死了"。雷军对他说："做MIUI的时候没花一分钱，做手机是不是也能这样？我们能不能不花一分钱就能打开市场？"

几年来，小米一直坚持口碑营销战术，不断地制造口碑效应，随着"为发烧而生""跑分""因为米粉，所以小米"等营销口号和概念的提出，小米对智能手机产品的极致打磨和追求，让小米站在了新一代客户的舞台，被众多客户贴上了"发烧性能""性价比之王"等标签。小米引发了智能手机行业新一轮的变革，开创了小米时代，也赢得了口碑营销的胜利。正是口碑营销造就了小米今天的辉煌。大家都说小米的营销做得好，其实是口碑好，本质上小米的营销是口碑营销。小米口碑营销的秘诀，用雷军的话说，就是"专注、极致、口碑、快"7字秘诀。

对于小公司来说，要想做好口碑营销，引发口碑效应，应当借助小米的做法，除了努力做到"专注、极致、口碑、快"外，还应当从以下几方面入手：

（1）用细致地关怀感动客户。

（2）制造有趣和易于传播的故事是个非常好的策略。

（3）如果能够引发客户的内心共鸣，自然就会形成口碑效应。

（4）让客户产生快乐的感受，当给客户带去快乐时，想让客户不传播都难。

（5）如果能够有效地帮助客户解决他们的问题，客户自然会用口碑来回报，最终形成了互惠。

（6）当人们遇到新奇而有趣的事时，总会情不自禁地关注并分享，策划口碑效应时，可以从新奇的角度出发。

（7）口碑营销要求公司诚信运营，只有为客户提供好产品，才能赢得客户的信任，才能在消费群体中树立良好的口碑，形成口碑效应。好产品就是口碑的发动机。

小公司要把口碑营销做到极致、做到完美、做到让客户主动夸赞，就要善于引发口碑效应，先引发口碑效应才能获取最好的口碑效果。

人无信不立，公司无信则衰

一位客户自称是某汽车运输公司的司机走进一家汽车维修店，对老板说："在我的账单上多写点零件，我回公司报销后，给你一份好处。"维修店老板拒绝了他的要求。这位客户不甘心，继续说："我负责整个车队的维修，每年能给你带来30万元的营业额，你能从我这赚到很多钱！"老板不为所动，并告诉他，他无论如何也不会这样做。

这位客户很生气，大声嚷道："谁都会这么干的，我看你是太傻了。"老板也终于控制不住自己的怒火，对他大喊："请你立即离开！请到别处谈这种生意。"就在这时，客户露出微笑，握住老板的手："你正是我要找的那种人，我就是那家运输公司的老板，我一直在寻找一个固定的、信得过的维修店，我决定与您合作。"

"人无信不立，企无信则衰"，在市场经济条件下，诚实守信是公司的生存之本，是创造基业长青、建立百年老店的基础。"诚则立，信则久"，诚信是公司支撑品牌的基石，基石永存，则品牌之树常青。把诚信放在什么位置，决定着一个公司的经营高度，决定着它能否长盛不衰、永续经营。

然而，有的公司却忽略了诚信经营这个成功公司核心的理念。2002年10月，日本大阪地方法院以做假账坑蒙投资者的罪名判处福特瓦克公司原总经理大桥渡有期徒刑2年，伙同大桥渡造假的注册会计师松川利一被判处有期徒刑1年。福特瓦克公司在过去的3年中共虚报利润424亿日元，把一个濒临倒闭的公司粉饰成一个赢利公司，坑害了许多投资者。

诚信危机在日本的一些大公司经常发生。日本火腿、东京电力、三井物产、丸红、西友超市等著名公司都发生过经济丑闻。日本火腿公司是日本肉制品公司的龙头老大，一直深受日本广大客户的信赖和爱护。然而，就是这家公司将日本政府因"疯牛病"问题而宣布禁止进口的外国牛肉，作为国产牛肉转售给国家牛肉收购机构。同时，该公司还把次牛肉充当上等牛肉销售给客户。

东京电力公司是日本最大的电力公司，拥有全国一半以上的原子能发电站。核电站的安全管理问题关系到国民的生命安全，日本政府有关部门对此有着严格的要求。10多年来，东京电力公司不仅隐瞒了多起核电站事故隐患，而且还多次篡改核电站定期检查记录，导致政府有关部门不能及时了解核电站运营的真实情况。

日本综合商社三井物产公司因涉嫌在政府开发援助项目中采取贿赂、回扣等非法手段获取建设项目，干扰正常的市场秩序，违反了有关法律。日本国税局还查出另一家综合商社丸红公司为了获得向阿尔及利亚出口大型印刷机器的订单，向有关人员支付了数亿日元的回扣。

上述日本著名公司的丑闻引发了投资者和客户对日本公司整体的信任危机，投资者纷纷逃离股市，致使股价刷新了历年来的最低纪录，客户拒绝购买这些公司的产品。可见，市场不包容失信，市场也不相信眼泪。

小公司要在激烈的市场竞争中谋得一席生存之地，必须要在产品质量、价格、管理、服务等方面坚持信用至上，履行诚信承诺，抓好与诚信关联的系统工程。只有真正坚守住商业信誉这道大门，才能赢得广大客户的信任，打开市场营销的通道，让自己的产品飞向四面八方，小公司才能在市场上站稳脚跟，并不断壮大。

▶ 以质量争市场，以信誉赢客户

在口碑营销中，口碑是目标，营销是手段，产品是基石。

当今的市场，产品的差异性已经不大，公司应该使用何种手段来提高产品的销量，增加产品的利润？很多人首先想到是打价格战，先抢占市场，把竞争对手挡在外面，或逼迫对手退出本行业。这自然是最快捷有效的方法，但是对于初创阶段的或处于成长期的小公司来说，是很难实现这一点的。那应该使用什么方法呢？以产品质量取胜，产品的质量才是留住客户、推进营销的根本手段。紧抓质量关，是小公司产品在市场上胜出的一个重要手段。

没有质量的保证，产品即使成功登陆市场，生命力也是短暂的，背后潜藏着无穷的危机。只有保证产品质量，才能够得到市场的认同，才能够拥有持续的市场需求。对于小公司而言，产品在质量上得到一定程度的保证，就能提高销售的规模，就能够有效降低单位成本。有了质量，再加上成本控制，就等于消灭了对手的市场空间，为公司的发展争取到了独有的市场份额。

在来到广州打工4年后，22岁的招娣有了自己的梦工厂——招娣布艺制造公司。凭着青春的热情和对事业的热爱，她和她的姐妹们亲自设计、加工，用一个月的时间精心做了一批造型各异、形态乖巧的布娃娃。这些布娃娃在市场上卖得很好，装饰师高兴地投入了第二笔资金，并答应招娣占有公司50%的股份。就这样，招娣终于迈出了自己事业的第一步。

在商海中拼搏的人难免会沾染一些奸猾习性，但招娣却一直以诚信作为自己人生与经商的信条，也正因此，她的客户面越做越广。

一次，公司签了一个大订单。在如期交货之后，对方的50万元货款打到了公司账上。招娣高兴的叫上所有部门主管，到餐厅庆贺。觥筹交错之间，酒性正酣的杨小英（一个和招娣出生入死的姐妹）说道："终于把积压的那批不好的棉芯清空了。"经过招娣一番盘问，小英终于承认自己和几个姐妹将发霉的棉芯掺杂到布娃娃中的事情。"难道你就没有想过这样做有什么后果吗？"招娣放下筷子正视着小英，"那些买娃娃的人可能会因为细菌而感染，若有客户出现健康问题，还会有人再来买我们的娃娃吗？"这是招娣第一次对姐妹发这么大的火。

第二天，招娣就给客户打电话表示道歉，然后亲自过去解释，并将50万元支票放在客户的桌子上，诚挚地说："虽然你们不能接受这事情，但我还是代表公司和员工向你们表示真诚道歉。如果你们还相信我们，我们立刻全部返工，保证一定做好。"

见对方经理半晌没说出话来，招娣就深深鞠了一躬，转身离去。她走的每一步都十分沉重，公司好不容易有了一笔大订单，可以借机发展，却让自己这样丢掉，这样做究竟值不值得？这时，只听身后传来一阵急促的脚步声，"陈总，请您等。"是那位经理的声音！她转过身，只见对方将那张支票高高举起，"我相信你。"就这样，陈招娣以自己的真诚重新赢得了这个客户，并且和他们公司建立了良好长久的合作关系。

在市场营销和产品销售过程中，小公司的管理者千万不要有侥幸心理，别试图欺骗客户。即使只有一次，也可能使你信誉扫地。客户现在也许不会发现，这笔生意可以做成，但以后呢？不出问题则已，一旦出现问题，责任谁能承担得起呢？在和客户来往时，一定要保证品质，让客户觉得你可以信赖，否则就会营销受阻，产品打不开销路，发展起来会困难重重。

小公司规模不大，但经营眼光要长远。如何从暂时的落后逐步走向成熟，如何让自己的产品在强手如林的市场上脱颖而出，得到客户的认可，产品质量是重要一环。作为小公司管理者的你，经营和营销思想是品质为先吗？

▶ 金杯银杯不如客户的口碑

客户在购买产品时，首先考虑的是有影响力的品牌产品。对于小公司来说，如何向那些从未听说过自己产品的客户推销？显然，要和一些已经占领市场的名牌产品进行硬碰硬的竞争是不容易的。对客户说漂亮话是没有多大用处的，因为这种话人人都会说。你得想办法向客户展示出他们无法从其他竞争者那里获得的利益和好处。那么，如何让你的潜在客户知道你将提供给他们特别的利益和好处呢？

有一个绝妙的主意——让老客户为你推销，老客户可以为你带来许多新客户。老客户除了可以给公司带来直接的经济效益外，最重要的是，老客户的推荐是新客户光顾的重要原因之一。

到了销售淡季，看着不断下滑的公司业绩，一家小公司的老板开始想办法了。他组织了一系列新老客户共同参与的游园聚会活动，并制定了多种优惠方案，让老客户向新客户介绍产品情况和使用感受。而他挑选的老客户，有很多都是"内行"和"联系人"，他们主动将产品信息传播出去。同时，借助客户之间的沟通和互动，为参加活动的人带来一定的环境压力，形成了一个互相感染的环境。而且，公司通过一些给新客户的优惠方案，吸引更多的新客户加入活动。最后，这家公司在几乎没有大众媒体宣传的情况下，不到一个月，销售总金额就超过了旺季。

"金奖银奖不如客户的夸奖，金杯银杯不如客户的口碑"，口碑宣传是一种古老而有效的市场营销方式。其优点在于准确性好、针对性强、可信度高。根据口碑传播对客户行为影响的研究发现，口碑传播的影响力比媒介广告的影响力高7倍，比促销员的影响力高4倍。客户更换品牌更多是受口碑传播的影响，而非广告的影响，前者的影响力是后者的2倍。在促使客户态度由否定、中立到肯定的转变过程中，口碑传播所起的作用则是广告的9倍。

一般来说，我们帮助朋友和喜欢的人，胜于帮助其他人。因为在现实生活中，谁都渴望建立良好的人际关系，巩固彼此之间的友谊。作为小公司的管理者，要想让老客户帮你介绍潜在客户，首先需要做到的是取得对方的信任，客户只要信任你，多半就会帮你的忙。

从老客户那里寻找新客户一般有两种途径：

一种是客户主动为你推荐，要想出现这种情况，你的做法只有一种，就是让客户感动。只有客户因你而感动的时候，他才会主动为你推荐新客户，否则他面向新客户也无话可说。但是当你感动了你的客户的时候，他就会心甘情愿为你介绍新客户。

无论是因为你的产品质量过硬还是服务贴心关怀，甚至是一个小小的举动，都有可能感动客户。有时候，也许一个客户回访电话就可以感动一批客户。具体方法有很多，但是根源只有一个，就是让你的客户感动。

另一种是你拜托客户，客户被动为你推荐。使用这种途径的效果往往一般。比如你可以用促销手段，要求客户必须给你填写另外一个客户的信息，才能得到促销奖品，客户可能会给你推荐新客户，但是推荐的质量会严重打折扣，而且被推荐的人也不会认可这种方式。所以抓住一切机会去感动客户才是真正的好手段。

总之，要想从老客户那里得到新客户，首先你要跟客户做朋友。无论是最好的销售员、医生、教师等，不管哪个行业，只要是受到好评、大家争相称赞的人，大都是平易近人、与他的服务对象交朋友的人。所以请老客户给你推荐新客户的方法，首先是跟客户交朋友，成为好朋友之后，双方相互帮忙也就顺理成章了。

此外，为了让老客户有动力推荐客户，还可以制定鼓励老客户推荐新客户的奖励制度和规则。要想有效地执行，还要建立基于客户数据库的多媒介营销与服务的执行体系，如忠诚度计划、会员制营销等以建立客户忠诚度为目标的市场活动。

▶ 小公司实施口碑营销要把握分寸

口碑是一把"双刃剑"，既可以为公司带来正面的口碑效应，也会由于不良口碑的传播带来负面影响。小公司在实施口碑营销时，要把握好分寸，不可滥用、乱用，以免给自己造成不利的影响。

小公司实施口碑营销，首先要掌握好以下四大原则：

1. 品质或服务要有保证

口碑营销不是靠创意取胜，也不是靠炒作取得一鸣惊人的效果，而且客户的口碑可以是正面的，也可以是负面的，如果仅仅靠炒作，最后很可能都会变成负面的传播。一个良性的口碑营销应该建立在产品品质和服务有保障的前提下，这样才能形成持久而正面的口碑效应。

2. 品牌结合

策划口碑营销时，不管引用爆点也好，还是策划的话题也罢，一定要与品牌有机结合，不能是东拼西凑，与品牌毫无关系。

3. 正面口碑

口碑营销最后产生的一定是正面口碑，不能适得其反。这就需要公司在策划阶段注意对风险的控制，多准备几套应急方案。

4. 口碑要经得起推敲

不管方案如何策划，一定要经得起推敲，不能遭人诟病，产生隐患。

在掌握好上述四个原则的基础上，还要把握以下几个要点：

（1）"口碑传播"要提供能与目标客户的心理形成共鸣的材料。

（2）使客户升级为口碑传播大使。

（3）口碑传播需要耐心的长期推展，因此要做好心理准备。

（4）进行口碑传播，要让客户对产品或服务进行亲身体验。

（5）最大限度地运用可以诱发口碑传播的宣传工具。

（6）将产生口碑传播的接触点作为焦点。

（7）理解口碑传播的特征，并将口碑传播与其他的营销活动加以综合运用。

（8）在实行口碑传播的时候，首先要明确"产品力"（产品所表现出来的一个综合能力）。

▰ 口碑营销要避免的4大误区

小公司要想有效发挥口碑营销的作用，必须澄清并避开以下几个认识上的误区：

误区一：只要传播就能获得好口碑。

有的公司以为只要做了口碑营销就能为自己的产品创造出良好的口碑，这实在是太大的误区。口碑形成的基础要求是必须确保优秀的产品质量，劣质和低劣的产品一定不会有好的客户体验，当然良好口碑的形成也就无从谈起。

口碑营销能做的是借助这种方式和手段来帮助优质的产品加速良好口碑的传播和形成，而不是捏造口碑，更不是为劣质产品撒谎、吹嘘。

产品如果本身质量不过硬，那么它的使用价值也就大打折扣，无论客户怎么用都不会有良好的口碑。那么无论打出来的宣传语有多么醒目、新颖、宣传造势能有多大的影响，都是经不起考验的。而网络平台提供给客户的低抱怨门槛，更可能加大产品缺陷曝光的机会。这样做的话，不仅前期所做的宣传工作全部打水漂，还可能是在花钱为自己制造负面。因此产品自身过硬的品质是形成好口碑的坚实基础。

误区二：忽略负面口碑的存在。

口碑是一把"双刃剑"，既可以为公司带来正面的推进力，也会由于负面口碑的自发传播带来极大的破坏力，更有数据统计负面口碑的传播速度是正面口碑的10倍，因此对负面口碑的处理绝不能放松。

作为置身危机漩涡中的公司，必须考虑如何将自身利益、客户利益和传媒的公信力协调一致，并在最短的时间内以最恰当的渠道传播给公众真实而客观的情况，以挽回公司品牌的良好口碑，将公司损失降至最低，甚至化被动为主动，就势借势，达到进一步宣传和塑造公司口碑的目的。

误区三：口碑营销一马当先，一触即百发。

口碑营销其实是公司众多营销环节中的一环，把口碑营销从营销中剥离，仅仅依靠口碑营销来推销产品、建立公司品牌是不科学的，也是没有效率的。很多时候，一些传统营销战术还是占据着品牌宣传的重要阵地，做好传统营销，用口碑营销去补充补全传统营销达不到的地方，才是正确的营销技巧。

误区四：口碑营销是受限最少的传播方式。

很多公司选择口碑营销的初衷，是由于在推销产品的过程中受到越来越多法律法规的限制，而口碑营销似乎由于其所提供的"想说就说"的低门槛而不受传播上的限制。

其实口碑营销也是有着自我的道德约束，超过这个范围的炒作必定带来不良影响。妄图用不当做法谋取利益的公司最终都会付出一定代价，伤害公司和品牌形象。

公司有了好的产品，通过正当方法来促进良性口碑的产生和传播，以达到快速地将口碑扩散的目的，这才是正道。

第六章

关系营销术：
在市场中左右逢源呼风唤雨

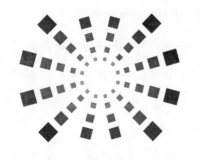

在现代市场环境中，公司总是与外界有着千丝万缕的关系，公司的经营就是与客户、经销商、政府机构、媒体以及其他公众发生互动作用的过程。好的公共关系好比一块营养充足的市场土壤，为公司提供了赖以生存的"温床"。

小公司底子薄，经不起折腾，所以更应注意与外界搞好关系。在开展营销活动的同时，要运用各种公关手段，努力建立并巩固良性互动的公众关系，以避免"为山九仞，功亏一篑"现象的发生，解除营销的后顾之忧。

▼ 不会处理关系，就做不好营销

美国著名企业家查里斯·詹德曼说过："公司不是创造购买，而是要建立各种关系。"关系就是公司的资源，就是公司的生命。

营销的本质即为交换，其内涵就是围绕交换活动而发生、变化的各种关系。其中最主要的是公司与客户的关系，同时也包括公司与客户、供应商、分销商、政府机构的关系以及其他公众关系。

关系营销就是把营销活动看作一个公司与客户、供应商、分销商、政府机构以及其他公众发生互动作用的过程，公司营销活动的核心是建立、发展、维持并巩固与这些公众的良好关系。

在国内，关系营销具有特殊的土壤。中华民族的优良理念和道德规范，例如"信""义""仁爱""和能生财"等价值观念，为关系营销的运用打下了坚实的思想基础，对处理和协调关系各方的利益至关重要。

通过关系营销，能使公司树立良好的形象，培养客户和关系各方的忠诚与信赖，使公司形成稳定的客户群，也利于公司跟随市场变化，提高竞争力，不断开发新产品，满足客户需求。更重要的是，关系能够创造价值，利于与客户、与关系方达成双赢，实现各方利益的最大化。

现在，随着经济全球化、信息技术、知识经济等浪潮，整个公众关系的格局也都在改变。公司面临的公众对象更为广泛，其构成更为复杂，需求及利益趋向也更为多样化，公司所处的公众环境的不确定性、变动性和风险性都大大超过了以前任何时代。公司在更大程度上向社会公众开放，任何一家公司都不应再无视公众的存在，也不能再忽略公众的利益诉求。公司的经营行为也更加透明，没有哪家公司可以封锁信息，在不好的事情上欺瞒公众。

在当代经济形势下，任何一家公司，如果只埋头做内部的生产活动，而不注重与外界公众建立良性互动的关系，经营就一定会受到影响，就会走下坡路。可以这样说，不会搞关系，就不会搞经营，就不会搞营销。公司的老板不仅是出色的经营者，还应当是成功的公关专家。对于小公司来说，除了顺应形势和环境，与社会公众搞好关系外，更应借公众之力，让自己走得更远。

▶ 水能载舟亦能覆舟，公众关系不可小觑

公共关系是一项复杂的系统工程。任何公司面对的公众都是多层次、多种类、多部门的，内容复杂、形式多变。公司与金融、财政、保险等政府主管部门，客户、经销商、批发商、零售商、新闻媒体之间的关系，是影响公司生存与发展的重要外部条件，对公司的生产经营、营销决策和各种促销活动的顺利开展，都会产生重要的影响与制约作用。

在现代市场经济背景下，公司要想顺利地开展经营活动，就会不可避免地与政府、客户等社会公众发生着各种各样的关系。公司与社会公众的关系，如同船与水的关系："水能载舟，亦能覆舟"，因此，任何公司都不应对公众关系掉以轻心，要通过各种公关手段，与社会公众建立互信、互助的良性关系，为公司的经营、管理、营销铺路搭桥，开辟更好的生存环境和发

展空间。

公司与社会公众的关系主要表现在以下几方面：

1. 公司与政府的公共关系

政府是法律、政策、计划的制订者和调节者，是国民经济发展的主要投资者，是重要信息的发布者，是公司的重要公众和最大的影响力量。其无论对政策制定、执行、解释的态度，审批手续的简繁快慢，处理各种矛盾的宽严粗细，均因公司形象不同而差异，其对公司评判有鲜明态度和倾向性，直接关系公司的命运。

2. 公司与媒体的公共关系

媒体是社会正义的倡导者、公司新闻的媒介者，能够充分发挥其独有的经济媒介作用，既能通过搭台唱戏，为公司投资牵线搭桥，拓展发展空间，为公司发展推波助澜；又能曝光公司的内幕，披露公司的负面消息，让公司面临舆论环境的重重压力，陷入危机的纠缠之中。

无论公司是大是小，都要记住一句话：新闻报道是性价比最高的宣传方式。任何一家公司，如果忽视了媒体的巨大作用，忽视社会舆论环境的变化，迟早会付出高昂的代价。看看中央电视台的《焦点访谈》和每年的"3·15"晚会，我们就会有深刻的感受。作为公司的负责人，切记一定要重视并搞好与新闻媒体之间的关系。

3. 公司与经销商的公共关系

经销商专门从事产品分配和销售工作，是沟通生产领域与消费领域的桥梁。生产产品的公司与经销商之间存在利益之争的矛盾，但更重要的是互助合作。经销商是公司行为的外部延伸，有战略眼光的公司家总是把经销商放在重要位置。

关于如何处理好与经销商的关系，在渠道营销一章有专门讲述，本章不再赘述。

4．公司与客户的公共关系

决定公司生存和发展的不是产品的生产者，而是产品的客户。不是客户依靠公司，而是公司依靠客户；对客户提供服务，不是公司赋予客户的恩惠，而是客户赐予公司的发展机会；为客户服务是公司的天职，只有行为不当的公司，没有错误的客户；客户找到公司，不是干扰公司工作，而是帮助公司工作。

如何与客户搞好关系，将在服务营销一章中重点论述，本章也不再论述。

总之，具有良好公众关系的公司，能促使客户热衷于购买本公司的产品，不仅保持现有的客户群，还能不断吸引更多的新客户，不断扩大市场份额，在竞争中占据优势。

对于小公司来说，不仅需要通过对客户需求的了解和竞争态势的分析，研究和制订公司的经营目标、策略、方法，还须运用一定的公关战术向社会公众宣传公司精神、经营宗旨、营销优势和特点，以树立形象、提高信誉、扩大影响、提高效益。

关系营销，一环套一环

关系营销对于提升公司信誉，塑造公司形象，创造有利于促进销售的气氛和环境有着重要的作用。关系营销是一个有计划、有步骤的整体决策过程，它不是公关活动产生之后的事后总结，而是公关活动实施之前的事前谋划。

具体来说，关系营销整体决策包括以下四个相互衔接的步骤：

1. 调查研究

调查研究是公司公关决策的基础。公司关系营销要做到有的放矢，就必须做好公司形象的调查研究，即通过公司本身、社会公众、新闻媒介、政府机构和经销商的调查，找出他们的意见和反映，从中发现问题，为确定关系营销目标和制订关系营销计划奠定基础。

2. 制订计划

在调查研究基础上，明确关系营销目标，选择对象、传播方式和渠道、制定实施步骤和方法、编制公关经费预算等，从而保证整个关系营销活动有计划地实施。制订关系营销计划的关键在于明确目标。从总目标来看，关系营销是为了促进公司与社会公众的沟通，影响和改变公众的态度和行为，相互理解，变不通为通，变不顺为顺。具体地讲，关系营销目标可分为三个层次：传播信息；转变态度；唤起需求。关系营销目标最终要解决公司的公众形象问题，通过一系列公关活动，改变公众的价值观和消费态度，唤起需求，刺激购买，促进销售。

3. 实施方案

在关系营销计划指导下，实施营销计划方案是整个公关决策的重点和难点。公司利用各种大众传播媒介及其他信息交流方式，如举办图片或实物展览，编发新闻，组织参观、讲演、报告会，观看录像，参与社会活动，赞助公益事业，落实关系营销计划，实现关系营销目标。

4. 总结评估

对关系营销活动结果是否实现既定目标，进行定性和定量的总结评估，是整个关系营销决策的重要一环。总结成功的经验和失败的教训，从而为今后的关系营销工作提供资料和经验。

关系营销的成效是通过公司长期努力实现的，公众信任人数的增加、抱怨者的减少、知名度的提高、大众媒介宣传次数、赞助活动次数、参加各项活动的人数和销售量的变化等，都可以通过量化分析得出较为客观的结论。

▶ 用好各种公关手段开展营销

关系营销活动是一项非常有创造性的工作，营销策划者可以利用现有各种工具，采取各种手段开展公关活动，充分发挥想象力和创造力。

现在，关系营销活动主要采取以下一些工具和手段：

1. 利用广告公关

公司利用广告公关不仅可以提高知名度，还可以塑造公司的风格和形象。公共关系广告与产品广告侧重产品和服务的销售不同，它侧重于公司在社会上的地位和形象，注重与公众进行情感交流，引发公众的好感达到公关的目的。

公共关系广告的内容多种多样，主要分为以下几种类型：

（1）宣传公司精神。公司的公共关系广告首先要符合公司经营理念，体现公司精神，反映公司文化。例如，TCL集团的经营理念是"为客户创造价值"；芬兰移动通信巨头诺基亚的经营理念是"科技以人为本"。

（2）宣传公司标志。公司标志如同公司的"身份证"，是能准确传达公司特色和精神的视觉元素，如公司名称、品牌名称、象征性图案、宣传口号等。宣传公司标志，达到人们看到标志就想到公司形象的目的。

（3）利用公共关系解决商业危机。由于突发事件导致的商业危机具有时间紧、来势凶的特点，稍不小心很可能使公司毁于一旦。如果公司妥善利用公共关系广告，快速给公众一个合理的答复，能够帮助公司迅速走出困境。

2. 新闻媒介的报道

公司应努力争取新闻界（包括报纸、大众刊物、专业刊物、电视、广播等）对自己的支持，充分利用新闻媒介及时对产品作宣传报道，这要比出资做广告的效果好得多。

但是，新闻媒介既可以把你捧上天，又可以把你打入地狱。所以，公司管理者和公共关系人员要熟悉新闻工作的规律，如新闻工作的职业特点和规则，各种新闻媒介的背景、风格及其拥有的读者群、听众、观众层面等。还要注意处理好与新闻界的关系，坦诚合作，主动提供方便。如经常向新闻界提供新闻稿，重大事件举办记者招待会，向新闻界分发公司刊物、宣传小册子等，以求能最快速度将公司内部的信息扩散到新闻界，利用新闻媒介形成有利于公司的社会舆论。最后，要遵守新闻职业道德。公司在与新闻媒介打交道时，切忌用不正当的手段走后门、拉关系，要求记者撰写有利于自己而有损于竞争对手的报道，以免适得其反。

3. 举办各种招待会、座谈会、接待和专访等社交活动

这类公共关系活动具有直接性、灵活性和人情味等特点，能使人际间的关系进入"情感"的领域。

4. 提供各种优惠服务

如公司开展售后服务、咨询服务、维修技术培训等，以行动表明公司对公众的诚意。这类公共关系活动被称为"实惠公关"，容易获得公众的理解和好感。

5. 开展公益性的社会活动

这种公共关系活动突出了公益性、文化性，着眼于公司整体形象和长远利益。

▼ 选择合适的媒体做广告宣传

我们每时每刻都在传播信息，传播是我们生活中不可取少的基本资源，作为传播路径中最为重要的环节——媒体，为我们的信息传播提供了一个平台，通过媒体，能让更多的人听到信息，对信息的传播起着重要的作用。公关营销正是需要让越来越多的人了解到产品，所以，利用媒体的力量是宣传的有效途径。

在众多的媒体中，电视、报纸、杂志、广播因传播范围广，接触客户多，被称为四大广告媒体。近年来互联网技术的飞速发展，使网络一跃成为广告媒体中的新秀，被称为第五大广告媒体。除了这5种主要的广告媒体，还有一些辅助媒体，如户外广告、直接信函、POP广告等。

如此众多的媒体为公司提供了广泛的宣传平台，那么，小公司该选择哪种媒体来对产品进行广告宣传呢？可以考虑以下因素后再决定：

1. 媒体的特性

不同媒体在送达率、影响力、表现手法、目标受众等方面都不尽相同，从而产生的宣传效果也有显著差异。因此，公司在选择广告媒体时，必须首先了解不同媒体本身的优缺点，以选到最合适的广告媒体。

（1）电视具有综合视听感受、兼具动感、感染力强、送达率高、可重复出现等优点；但也有受众选择性差、成本高、展露时间短、干扰多等缺点。

（2）报纸具有时效性强、读者面广、针对性强、送达率相对较高、可信度高、制作简单、成本低等优点；但也有寿命短、表现手法单调、不易引起注意、重复出现率低等缺点。

（3）杂志具有针对性强、图文并茂、视觉效果好、可信度高、重复出现率高、干扰小、寿命长等优点；但也有时效性较差、功效慢、受众接触度较低、版面位置选择性差等缺点。

（4）广播具有覆盖面广传播速度快、送达率高、成本低、地区和人口选择性强等优点；但只有声音效果突出注意力比电视低、出现时间短等缺点。

（5）网络覆盖面广，具有双向性、灵活、信息含量大、重复出现性好、时效性强等优点；但也有成本低管理不规范，可信度较差，干扰大等缺点。

（6）邮寄具有受众选择性好、灵活、个性化、竞争干扰小等优点；但也有制作简单、投递成本高、传播范围不广等缺点。

（7）户外广告具有注意度高、重复展露多、成本低、竞争少等优点；但也有受众选择性差、受场地限制等缺点。

（8）POP广告是指在各种营业现场设置的各种广告形式，如户外招牌、展板、橱窗海报、店内台牌、价目表、吊旗、小贴纸、实物模型等。其主要功能是刺激引导消费和活跃卖场气氛。

2. 目标客户的媒体习惯

不同的人由于职业、受教育程度以及生活习惯的不同，对不同广告媒体的接触习惯也不同。比如，办公室人员看报纸的机会比其他人就多得多，年轻人中喜欢看体育杂志的人显然比老年人多，小孩子则受电视广告的影响大。因此，公司在进行广告媒体选择时，必须充分了解目标客户接触媒体的习惯，选择他们接触最多的、最信赖的媒介。

3. 产品及信息特点

在做广告时，常常出现这样的情况，一些在某种媒体上效果很好的产品广告，拿到另一种媒体上去做，却不能收到同样的效果。这是因为不同的产品有不同的特点，对广告媒体也有不同的要求，或者说，不同广告媒体适合于表现不同的产品特征。比如，功能复杂、需要较多文字详细介绍的产品，应选择不受时间限制的平面媒体如报纸杂志等；对于主要表现外观特点，无须很多文字说明的产品，以选用电视媒体为宜，利用其兼备视觉听觉的效果，让客户在享受中产生购买的欲望。

4．成本

不同广告媒体所耗费的成本相差很大，电视广告费用很贵，报纸广告则相对便宜。1997年"爱多"勇夺中央电视台黄金时段广告标王称号，出价高达4亿元，这是许多中小公司想都不敢想的。即使是同种媒体，因覆盖面大小不同，费用相差也很大。如中央电视台比省级电视台的广告费用贵10倍左右，黄金时段的广告又比其他时段广告贵得多。小公司资金有限，一般不宜选择电视来做广告宣传。

5．国家政策法规

现在，国家出台了广告管理政策和法规，对广告的内容、广告发布程序、广告媒体的业务范围等各方面作出明确的规定。比如对烟草、烈酒的广告在媒体选择上有一定的限制。因此，公司在为产品选择广告媒体时，应注意是否存在有关的政策法规限制。

在信息化程度越来越高的现代社会中，媒体广告是公司促销活动中最有效和最常见的手段。小公司管理者要明白各种媒体特点，选择合适的媒体做广告，充分利用媒体的力量宣传产品，让更多的目标客户接触到广告。同时要做好广告成本预算，以有限的广告预算，实现最大的广告效果。

◤ 与传媒对抗，会惨败收场

对于公司来说，处理好与新闻界的关系至关重要。现在是所谓的信息时代，报纸、电台、电视上各种各样的信息铺天盖地，让你生活在信息的海洋里，无时无刻不受媒体的影响。公司若能取得媒体的支持，利用大众传媒来宣传自己，可收事半功倍之效，而一旦得罪了新闻媒体，就有可能搞得声名狼藉。

婴儿奶粉是雀巢公司的一种重要产品，并且雀巢公司的婴儿奶粉长期垄断欧洲市场。为开拓海外市场，扩大雀巢公司的影响，公司决定进军非洲市场。

那时候，非洲大陆上正四处战火纷飞，许多国家的人民都在饿肚子。雀巢公司召集新闻界，宣布要赠送奶粉给非洲。新闻界报道这一事件后，产生了非常正面的影响，提高了雀巢公司的声誉。同时，雀巢公司希望，当非洲的内战停止时，那里的妈妈们已经习惯使用雀巢公司的奶粉，到时候销量会大大增加。

雀巢公司的想法很不错，可事情的发展却不是那么尽如人意，甚至是与公司的初衷背道而驰的。报纸上不断有非洲妈妈用雀巢公司的奶粉喂宝宝，结果导致宝宝死亡的消息出现。雀巢公司十分着急，赶紧派人去调查原委，结果发现报纸上所说的婴儿死亡事件，并不是雀巢奶粉所致，而是当地饮水不干净导致的，非洲贫困的妈妈们为节约奶粉，大量用水稀释，导致婴儿得了严重的痢疾。雀巢公司松了一口气，随即登报声明，非洲的婴儿死亡事件与公司的奶粉质量无关。

事情本来可以朝着好的方向发张，可偏偏有家报纸不理会雀巢公司的声明，继续报道雀巢奶粉的所谓"中毒致人死亡"事件。对此，雀巢公司作了一个错误的决策，它决定起诉这家报纸和报道这一事件的记者。

原本并没有太多人关注的雀巢公司奶粉质量事件，但因这起官司而激发受众更多的好奇和关注。雀巢公司成为舆论的焦点，其他几家新闻机构也派出记者到非洲，专门报道公司奶粉"毒害"非洲儿童事件。因非洲正在打仗，有关此事的调查并不准确，几乎都是传闻与事实并存。因此，事件朝着不利于雀巢公司的方向发展。有些人还到雀巢公司总部门前示威，抗议其"唯利是图"，全然不管非洲儿童的死活。雀巢公司的形象受到严重损害，气势汹汹的舆论使雀巢公司陷入痛苦中。

对于这类事件，社会大众向来都是"宁可信其有，不可信其无"的。其实，当时市场上的奶粉竞争很激烈，各种品牌的奶粉多不胜举，雀巢公司的市场占有率本来是很可观的。不过，妈妈们谁会拿孩子的生命冒险呢？纷纷停用雀巢奶粉。

雀巢公司的市场占有率下降很快，公司的领导层意识到自己的决策失误。不过，这已经难以挽回了，不得不硬着头皮等待法院的判决结果。雀巢公司最终赢得判决。不过，这对公众似乎并无多大影响，他们对报纸上有关此事的报道似乎视而不见，并且已经习惯使用其他品牌的奶粉。雀巢公司代价惨重，几十年建立的产品信誉竟然毁于谣传。

实际上，这一事件脉络分明，雀巢公司的奶粉在非洲是没有问题的。要说有问题的话，只是在奶粉的喂食方法上未对客户进行必要的指导，可是公众不会去认真考虑这些，他们只关心事件的舆论导向，而且并不是非使用雀巢奶粉不可。

人们常将新闻记者说成是无冕之王，在有些国家人们更将新闻界视为与行政权、司法权、立法权并立的第四权力。在这个时代，大众传媒主导人们头脑，一切挑战传媒的行为都极有可能给自己带来很大的损失。因此，对于小公司而言，很有必要掌握与传媒打交道的方法，不能轻易与传媒进行对抗。

▶ 小公司与媒体打交道的"8条铁律"

有人将传媒与公司形容为"一对爱恨交加的情侣"，既彼此依赖，又充满矛盾。目前，国内大多数传媒单位以公司化形式运作，在经营上和一般公司是一样的，共同面临着市场的选择和考验。同时，传媒作为行使舆论监督和传播新闻的工具，其性质上的独特性，又有别于一般公司。但无论如何，传媒和公司之间不应该是对立关系。公司与传媒打交道，就如同与公司打交道一样，更多的是合作，是双方资源的互惠互利。

在当前市场竞争激烈、经营形势艰难之际，小公司如何与传媒相互扶持、相互合作，携手共渡难关？具体来说，与媒体打交道要把握好以下"8条铁律"：

1. 相互尊重

有的公司老板对媒体持排斥的态度，在接到记者约采访的电话时不耐烦，态度恶劣地加以拒绝。这样会造成公司和媒体之间的对立，关系变得僵化，对公司的形象和日后的发展是很不利的。要知道，人和人之间的尊重是相互的，你不尊重别人，别人就不会尊重你。记者也是人，要尊重记者的人格和采访，要让彼此感觉到来自对方的帮助和重视。公司要在互相尊重的基础上，与媒体开展各种形式的合作。

2．正确认识记者的采访

有的公司管理者认为记者的采访是别有用心，是为了给媒体带来商业利益，是为了赚公司的钱。这种认识是错误的。其实，现在的媒体大都是采编和经营分开，记者的本职工作就是采访，他们的工作内容就是搜集新闻素材和观点，生产新闻报道，就像工厂生产产品一样，只是形式不同而已。媒体记者最不缺的就是新闻，一个新闻话题，你不说会有其他人说，你不接受采访对媒体没什么损失，但你可能在不经意间失去了一个在公众面前发表观点的机会。因此，不要觉得记者的媒体采访都是带有利益目的，对记者的采访要持欢迎的态度，并积极与记者搞好合作。

3．三思而后说

接受媒体采访，无论是平面媒体还是电视台，一定要三思而后说，有所说有所留，你所说的每一句话，都将决定着你的公司在公众面前呈现出来的形象。

公司的人看问题更多的是从自身公司出发，但媒体记者看问题则是从新闻传播及公众利益的角度出发。无论什么时候，你的回答都要从公众利益出发，记者的目的就是要保护和体现公众利益。另外，在接受采访之前，一定要看一下记者给你发来的采访提纲，根据提纲，初步拟定一个发言稿，做好充分的准备或提前打好腹稿。遇到越难回答的问题，你的答案就要越简短，这是接受采访时需时刻牢记的规则。

4．避免与媒体发生冲突

如果媒体报道了公司的负面新闻，要冷静应对，冲动只会酿成大错。如果报道内容属实，要虚心接受，勇于承担责任，及时向媒体表明态度，力求得到媒体宽容。如果报道有误，同样要主动联系媒体和记者，提供确凿的事实证据，并恳请媒体更正以前的不实报道。

总之，不要责备或动怒，更不能使用威吓阻止媒体的报道。在危机出现时，最重要的是要积极行动，抵制谣言的最好方法是说明事实，并启用更大的传播力度。

5. 与传媒相处要诚信为先

与传媒相处必须讲诚信，欺骗媒体等于欺骗公众，失信媒体就等于失信于公众。对媒体有些话可不说，但不可瞎说。无论是接受电视媒体采访，还是平面媒体采访，你所提供的信息一定要真实可靠，切记不要敷衍了事或故弄玄虚、夸大其词。

6. 不要让公关公司代替自己

有的公司把自己所有和媒体相关的业务交给公关公司来做，觉得这样做省时省事省心，其实未必。公关公司毕竟没有自己对公司各方面的情况了解透彻。而且有些新闻稿，公关公司是站在公关的角度来做，而并非是从新闻传播的角度来看，所以在传播效果上会有很大的差异。活动策划可以交给公关公司，但是新闻传播还是大媒体的新闻媒体记者更专业。

7. 建立与媒体打交道的专业部门

公司可以在部门内部设立公关部、企划部、外联部、宣传部等类似的部门，由这些部门来代表公司与传媒打交道，以传播和推广公司品牌，维护公司的形象和声誉。

8. 与媒体良性互动

公司要在平时与媒体开展良性互动，不要等有需要的时候才联系媒体，平时尽量保持沟通，让彼此感觉到来自对方的帮助和重视。与媒体互动，不是简单地理解为利益输出，而是立体式的互动。例如，公司内如果有文笔出色的领导，可以不定期给相应媒体投些独家的观点稿件，或写些评论等，媒体是非常欢迎的，要与媒体形成长期稳定、互惠共生的局面。新闻记者往往对某一个领域有着很深刻的理解，同时往往具有最新的资讯，这些都可能给公司未来的发展带来很大的益处。

▼ 小公司要与政府协调好关系

政府是具有特殊性质的社会组织，管理者必须充分重视政府在公司经营中的作用。

同其他公众相比，政府具有明显的特殊性：一方面，政府是国家权力的执行机构，它代表国家运用权利行使对全社会进行统一管理的职能；另一方面，政府是国家利益和社会总体利益的代表者和实现者，政府行为对社会各个领域和组织的利益都具有不同程度的影响。公司作为社会组织的一分子，同样要服从政府对全社会的统一管理。同时由其盈利性质决定，公司与政府存在更为直接的利益关系。政府关系对公司的影响作用表现在以下一些方面：

（1）政府运用宏观调控手段对公司的微观经济行为实行间接调节和控制。

（2）政府对公司经济利益的实现程度和分配具有影响和制约作用。

（3）政府对公司的生产经营活动具有信息导向功能。

（4）政府是公司重要的资金供给者和产品消费客户。

作为公司管理者，你必须要时时刻刻重视政府这一特殊公众。在公司经营的过程中，学会与政府沟通，协调公司与政府间的关系，是每位管理者所必备的管理技巧之一。

作为公司的管理者，怎样才能协调好与政府的关系呢？有以下几种方法：

（1）了解和熟悉政府颁布的各项政策法令、文件、条例，并随时研究政策法令的变动，准确掌握政府的大政方针和宏观意图。

（2）自觉遵守相关法规从事生产经营，对与政府存在重大分歧的地方，在服从的前提下争取用协商方式解决，切不可有正面的冲突。

（3）熟悉与本公司密切相关的政府职能部门的工作范围和办事程序，并与相关工作人员保持密切联系。

（4）邀请政府主要官员到公司参观访问或出席公司庆典仪式、成果展览、新闻发布会等。

（5）主动协助政府解决一些社会问题，得到政府的信赖。如出资赞助社会公益事业、提供更多就业机会、进行就业培训和在职培训、自觉保护生态环境等。

（6）保持与某些领导的密切联系，并发挥他们的影响力，如邀请××领导题词、题字等。

在协调与政府的关系时，以下方面是应避免的：

（1）严重违反政府有关法规，政策，损害公司形象的事件发生。

（2）与政府主要部门的工作人员或领导发生争执或纠纷。

（3）对政府的承诺不能严格履行。

政府是公司的重要公众，政府关系是公司协调外部关系的重要方面。在适当的时候，借助政府的影响，公司经营会收到事半功倍的效果。作为小公司的管理者，要清楚政府对公司的重要作用，谨慎处理好与政府这一特殊公众的关系，从而借助政府的影响最大限度地为公司服务。

▋ 小公司要参与公益活动，塑造公司形象

管理大师德鲁克曾经就公司责任问题，曾着重单列出来说明。德鲁克认为公司能够在自己的发展壮大过程中，不忘承担社会责任、不忘回馈社会是公司良性发展的保证。而树立公司负责任的形象方法有很多种，其中参与公益活动就是之一。

公益活动是奉献爱心的活动，多参加公益活动能够使公司赢得政府、社会及相关公众的支持，公司自然也就树立了良好的社会形象。

比如，安利进入中国市场时并不顺利，曾一度被人们认为是传销组织，其这种新鲜的直销模式也让中国客户嗤之以鼻，因为在他们的思想里，上门推销的产品通常质量不高，虽然它在中国市场遭遇了种种困难，但安利始终坚持不懈地努力开拓自己的市场，随着人们生活水平的提高，安利过硬的产品质量，终于逐渐赢得了一部分中国客户的认可。近些年来，安利加大在广告上的投入，比如，安利纽崔莱、维C等产品都是以促进人们身体健康的产品形象出现。同时，安利还举行了大型的运动会，倡导健康、运动，很好地塑造了公司绿色、健康形象，这些公关活动及广告极大地扭转了广大中国客户对安利的认识，现在，人们一提到安利产品，脑海中产生的都是质量有保障，为受众健康服务的良好公司形象。

可见，公益活动以关心人们的生活为切入点，通过展开各种活动，塑造公司乐善好施的亲切形象，拉近了与客户之间的距离，获得良好的口碑。

还有乐善好施的陈光标，他在中国频繁开展慈善活动，如捐钱、给百姓送猪，针对陈光标这些行动，有些人认为是炒作。但是，虽然有很多负面报道，但其这些实实在在的行动，的确赢得了广大百姓的拥护，赢得了"中国首善"的称号。他以自己的行动号召广大公司家担起社会责任，他的形象越发在广大群众心中变得亲切。这样的公司生产的产品，谁不青睐呢？

总之，公司参加公益活动，为自己树立了良好的形象，并且参与这些公益活动，成本也并不会很多，有时甚至比做广告要节省，但公益活动所产生的社会影响都是正面的。

所以，小公司在搞好经营的同时，不要忘记参加一些公益活动，提升自己的公司形象。比如，结合公司本身的主要节日，以庆典或纪念活动的形式扩大影响；还可结合公司的情况，举办各种有文化含义的专题活动。此外，各类赞助活动更是深受欢迎，比如，赞助教育事业如，资助希望工程，建立希望小学，设立教育基金会、奖学金、奖教金、研究基金等；赞助体育运动、文化娱乐活动，如赞助有特殊意义的录像带、电视片、纪录电影等；赞助社会慈善和福利事业，如扶贫工程、残疾儿童福利院等；还可以赞助职业奖励、竞赛活动等。

▶ 以会展为窗口，拓展营销阵地

会展营销，是公司通过展览会、展销会的形式向客户及经销商、合作单位展示自己的最新产品及成果，一方面可以增加公司的业绩，另一方面提高公司的品牌影响力。

与其他营销方式相比，会展营销有着自身显著的特点和功能，主要表现在以下几方面：

（1）展会是公司和客户、经销商、合作单位等进行交流、沟通和商业促进的平台。

（2）通过展会，公司可以展示自己的产品，有利于品牌的塑造、传播和公司形象的提升。

（3）会展现场提供了进行市场调查的好机会。公司可以收集到有关竞争者、经销商和新老客户的信息，从而为公司调整或制定下一步的营销策略提供依据。

（4）大多数知名会展通常都会吸引媒体的关注。利用媒体进行曝光可以成为参展公司的优势，提升公司形象。

会展营销是种持续的市场推广手段，对众多的参展公司来讲，展会已成为一种强有力的市场推广手段，同时也是业内公司定期交流的一个平台。小公司要充分认识到会展营销的作用，利用会展营销这个有力工具推广自己的产品，提升自己的形象。

那么，如何才能开展一场成功的会展营销呢？可按照以下步骤：

1. 明确参展目标

参展目标的制定要配合公司整体的市场策略，具有实际性和可衡量性。一般来说，公司参展主要有以下几个目标：

（1）新产品宣传推广。

（2）融洽客户关系，维持与老客户的接触。

（3）接触更多的潜在客户和行业人士，认识实力强大的买家。

（4）公司形象宣传，产品品牌提升。

（5）收集市场信息，进行实地调研。

（6）找到新的市场营销思路。

公司每次参展的目标不会是单一的，根据各自的实际情况都会有所侧重。明确的参展目标是会展营销成功的关键，后续的工作都是围绕着参展目标展开的。

2. 展前促销

市场竞争日益激烈，使得展前促销在整个会展营销计划中变得越来越重要，其效果也更突出。一个策划良好的展前促销能像广告一样达到很好的宣传效应，增大参展公司在会展期间受关注的力度。一般的展前促销计划有：

（1）发出邀请：邀请客户届时参观你们的展位。邀请函要注明会展的名称、时间、公司的展位号、参展人员及联系方式，顺便也可附带一下最新推出的产品。邀请的时间一般在会展前一个月左右。

（2）直接邮寄：在会展前，通过电子邀请、邮寄宣传材料，或者与主办机构合作在其对外的邮寄资料中宣传，让你的合作和潜在的客户知道你将参加的一些行业会展和具体摊位号，在他们心目中树立良好的形象。要注意把握好直接邮寄的时间与方式。

（3）媒体宣传：制定周密的媒体联系计划，选择恰当的时间通过报纸、行业刊物传递公司的参展信息和参展动态，内容力求新颖、明了。

3. 展中洽谈

展会开始后，公司参展人员要注意自己在会展中的形象，要精神抖擞、站立迎宾，以良好的精神面貌体现公司的活力，提升客户与公司合作的信心。面对光顾展位的客户，参展人员要主动打招呼，欢迎进入展位参观。要了解对方是客户、产业链相关公司（竞争对手）、还是经销商，若是经销商则要询问所需产品的数量，沟通交流后尽量留下对方详细的联系方式，电话、微信、QQ、地址、单位名称等。如若对方不是采购主管人员则要所要采购主管人员的联系方式，方便后续的跟踪联系。面对竞争对手的交流，要做到有所保留，但更需要相互的沟通交流，尽力在从对方的言谈中了解到行业信息，做到知己知彼百战不殆。因此参展也是对同行进行全方位了解和摸底的关键时刻。

在与客户洽谈的同时，可以有选择性向他们派发公司的赠品。恰当选择的展位赠品会给公司的展位带来活力，有助于品牌认知度的建立和招徕更多的潜在目标客户。赠品要有个性，这样才能走进客户的心里。还要注意所选用的赠品的数量和质量，高质量的赠品会给与会者留下深刻的印象，数量上则要根据观众类别数据作充足的准备。

4. 展后阶段

参展结束后，展会的所有工作只是进行了一半。真正能够让会展营销起到应有的效果是随后的跟进与评估工作。展会后，公司要努力做好以下几项工作：

（1）即时跟踪：在会展期间，对那些很关注公司产品或实力较大的买家，要即时派出业务负责人与之接触，安排更深入的商业交谈。

（2）后续跟进：后续跟进主要有直接材料邮寄、电话营销和上门拜访三种方法，公司可根据不同客户的实际情况，灵活综合运用这些方法，使后续跟进的活动顺利展开，为商业合作的成功实现做好铺垫。

（3）展后评估：展后评估既是对该届会展的一个总结，也是为下一次公司参展提供借鉴。主要有以下几个方面的工作：对当前参展效果的分析，并与向前制定的参展目标进行对比；进行成本与成效的最终分析；对未来参展提出建设性的建议；总结报告，为公司调整或制定产品和市场策略提供依据。

会展营销的成本相对较低，比较适合小公司。通过会展提供的信息渠道和网络，公司可以在很短的时间内与目标客户直接沟通，可将产品的信息发送给特定的客户，并可获得来自客户的即时反应。据英联邦展览业联合会调查，会展营销的成本是大大低于推销员推销、公关、广告等手段。在现代市场经济中，小公司既要重视会展营销，积极地参与，又要利用会展资源，为营销决策提供参考，充分用好会展营销这把利刃。

▶ 用好危机公关技巧，挽狂澜于既倒

公司在发展过程中不可避免会出现一些问题，比如，因为一时疏忽，某批产品不合格，造成信誉损害；有对产品的谣言或者有污蔑产品情况。这样的危机常常突然发生，让公司措手不及，这样的突发事件，也是最能考验公司公关的时刻。

1994年6月9日，在美国华盛顿有人声称在百事可乐易拉罐内发现注射器针头和注射器。类似的投诉迅速在美国19个州蔓延开来，这对百事可乐来说是一个关系到生死存亡的危机。百事可乐公司开始时断然否认，但未能消除大众的疑虑。然后公司准备了百事可乐装罐过程的录像，6月15日在6个新闻节目中播放了录像带，让客户目睹在装罐过程中不可能插入注射器的事实。随后，在联邦调查局的协助下抓获了肇事的案犯。随后公司又在广播电视节目里报道了作案者的动机和经过，最终打消了客户的顾虑。

2009年8月24日，丰田在华两家合资公司——广汽丰田、一汽丰田宣布，由于零部件出现缺陷，自8月25日开始，召回部分凯美瑞、雅力士、威驰及卡罗拉轿车，涉及车辆总计688314辆。

"丰田召回门"事件在日本国内外引起强烈反响，以至于演变成危机。

美国国会已传唤丰田总裁丰田章男出席众议院监督和政府改革委员会在2010年2月24日举行的听证会。造成这种局面的原因有很多，但丰田公司危机管理存在漏洞是其中最重要的原因。

丰田汽车出现问题后，为了挽回公司形象，公司总裁丰田章男去世界各大市场进行危机公关，来到中国后，丰田章男就召回事件举行了"说明会"。就丰田产品召回的原因和处理方式做出说明，并坚持2010年丰田在华计划销量80万辆的目标不下调。次日，丰田章男与中国国家质检总局的官员会面，就丰田汽车召回问题进行直接政府公关，以图早日化解在华的召回风波。

丰田对"召回门"时间，采取了主动道歉，承担责任，接受批评并承诺改善车辆安全性能，以挽回客户信心，借此化解外界的不满情绪和敌意。尽管近年来丰田问题频出，客户对丰田汽车信任度有所下降，但其采取的危机公关策略，值得中国公司学习。

危机总是突然间造访，让公司防不胜防，深受其害。小公司在遇到危机时，首先要勇敢地面对问题而不是逃避问题。事实上，随着传媒产业的日益发达，任何隐瞒和逃避的想法都是行不通的。之后，应该对问题进行详细的调查，看其是什么性质的危机事件。

要实事求是地面对问题、解决问题，有问题就承认问题，是自己的错就要承担责任。既不要刻意隐瞒什么，也不要试图逃避责任，更不可以编造谎言欺骗客户和媒体。为社会和客户提供有价值的产品，维护客户生命尊严，促进社会健康发展，不仅是每个公民的责任，也是每个公司的责任。否则，就是把客户和媒体推向自己的对立面，激化矛盾，加重危机。当然，如果问题不是处在公司自身，而纯粹是外界的诬陷或不实反映，那么，公司也不能就此罢休，而要寻根究底、一查到底、决不含糊。

面对突发各种危机，小公司管理者要冷静以对，沉着应付，组织公司人员全力进行危机公关，实施一系列公关技巧，以避免或者减轻危机所带来的严重损害和威胁。通常来说，危机中的公关技巧有如下几条：

（1）出现危机时，首先要态度真诚，一句"对不起，这是我们的失误，我们将承担责任"，远远胜过千言万语。

（2）借助媒体与相关部门进行危机公关，比如发布公司的改正进程，不会对客户造成太大危害等，消除客户的不满情绪，博取同情，尽快让事件结束。

（3）等客户平静之后，组织人员进行调查，查找危机发生的真实原因，然后及时公布。

（4）在调查原因过程中，在媒体上发布公司正面信息，这样一方面有负面信息在传播，同时也有正面信息在传播，让客户看起来这是正常的。

（5）等调查结果出来后，公布于众，媒体和客户慢慢平静之后，根据实际情况对负面信息进行一一处理。

总之，面对危机，小公司要抱着对客户负责的态度，认真追查事件，给公司、给客户一个交代，同时努力改进产品和服务质量。这样才能赢得客户的高度信任，树立良好的公司形象，而且还可以化危机为商机，为公司开创新的发展机遇。

第七章

产品促销术：

踢好营销的临门一脚

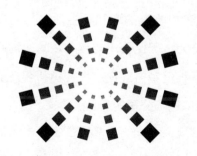

促销是公司营销的利器，是公司推销产品、争夺客户、扩大市场、树立形象的基本营销战术。促销犹如足球赛中的临门一脚，在营销的最后阶段发力，将产品精准地、快速地"踢"到客户怀中。

小公司要用好促销这把营销"杀手锏"，通过各种促销战术的组合使用，将产品顺利"推"到客户手中，不断巩固营销成果，扩大市场阵地。

▼ 全民促销时代，小公司更要做促销

促销就是营销者向客户传递有关本公司及产品的各种信息，说服或吸引客户购买其产品，以达到扩大销售量的目的。

促销过程是一种信息沟通过程。公司与中间商、客户、不同的公众进行沟通，中间商与客户、不同的公众进行沟通，另外客户之间也存在信息的交流。

在产品经济高度发达的条件下，一方面，生产者不可能完全清楚谁需要什么产品，何地需要，何时需要，什么价格客户愿意并能够接受等；另一方面，广大客户也不可能完全清楚什么产品由谁供应，何地供应，何时供应，价格高低等。正因为存在这种生产者与客户间信息分离的"产""消"矛盾，公司必须通过沟通活动，利用各种促销手段，把生产、产品等信息传递给客户和客户，以增进其了解、信赖并购买本公司产品，达到扩大销售的目的。

随着公司竞争的加剧和产品的增多，客户收入的增加和生活水平的提高，广大客户对产品要求更高，挑选余地更大，因此公司与客户之间的沟通更为重要，公司更需加强促销活动，利用各种促销方式使广大客户和客户加深对公司产品的认识，以使客户愿意多花钱来购买公司的产品。

现代市场营销不仅要求公司开发出适销的产品和为产品制订有吸引力的价格，还必须与现有的和潜在的客户进行沟通。促销犹如一场激烈的足球赛中的临门一脚，对产品能否成功地"推"到客户手中起着决定性的作用。小公司要加强促销活动，充分运用各种有效的促销战术完成产品的销售。

促销的常见方式有：试销、样品赠送、免费赠送、商业贴花（积分优待）、打折、降价、抽奖、优惠券等。

小公司要想顺利地通过促销来实现营销目标，需要遵循以下几个原则：

1. 新颖出奇的心理原则

促销应当遵循抓住消费求新求奇的心理，以新颖、出奇制胜为原则。

2. 突出产品特征的形象原则

促销必须充分体现出产品的特征，传达自身产品的相关信息。

3. 利益诱惑消费的导向原则

客户购买某一种产品是希望从中获得某种利益，无论是短期的还是长期的、有形的还是无形的，利益都是他们做出取舍的唯一标准。所以，促销要展示客户所能获得的利益，这是促销活动的最终导向。

促销是市场竞争过程中的一把利剑。促销作用在于对产品施加推力，使产品能够更快地进入市场和扩大市场，为广大客户所接受并购买。在当今的市场上，并非每一个公司都做广告，但是每一个公司都无一例外地开展促销。对于小公司来说，更应当重视促销，使用好促销这一有力武器。

▶ 尝试促销术：试着试着就销了

试销是在新产品全面上市前，选择某一区域市场进行测试以估计其未来销售情形的试探性销售。

一家美国制药公司研究出一种将抗酸剂与镇痛剂结合起来的抗酸镇痛结

合剂。在产品试验过程中，向一组客户大力宣传服用这种药剂时不用喝水的特点，结果发现绝大多数客户都从几种竞争产品中选用这种新产品。

于是公司在大量广告的支持下，在一定数量的试销市场上推出该产品。宣传影响分析表明，广告吸引了数量可观的客户，但是销售量却出乎意料地低，以至于公司在数月内不得不放弃这项产品。随后的研究结果表明，重大的错误在于强调了服用这种产品不用喝水，因为过去人们服用镇痛药时喝水是必需的。

尽管从新产品构思到新产品实体开发的每一个阶段，公司开发部门都对新产品进行了相应的评估、判断和预测，但这种评价和预测在很大程度上带有新产品开发人员的主观色彩。最终投放到市场上的新产品能否得到目标市场客户的青睐，公司对此没有把握，通过市场试销将新产品投放到有代表性地区的小范围的目标市场进行测试，公司才能真正了解该新产品的市场前景。

试销是对新产品的全面检验，可为新产品是否全面上市提供全面、系统的决策依据，也为新产品的改进和市场营销策略的完善提供启示，有许多新产品是通过试销改进后才取得成功的。如某公司对一种能掩饰疤痕的化妆品进行试销，结果发现许多妇女用来掩饰脸上的雀斑，由此扩大了该新产品的市场范围。

但是试销也存在一定缺陷，试销成功并不意味着以后的市场销售就一定成功。这主要是因为客户的心理和习惯不易准确估计、竞争情况复杂多变、经济形势难以预料等情况。试销也要投入花费，而且要占用一定的时间。要想减少成本、尽快结束试销，没有一个良好的试销控制方案是不可能的。控制是指管理人员采取必要的措施，逐渐地把实验结果引向所期望的方向，为作新产品投放的决策提供依据。试销的控制过程如下：

1. 确定可控营销变量

如营销费用、分销周密度、促销强度、人员能力、客户感知程度等变量都是公司可控制的因素。除此之外，对竞争活动等因素也应制定出监测方案。

2. 制订计划目标（执行标准）

针对若干个可以定量化表示的项目制定出期望达到的目标数字。根据计划中的试销期限，分出几个周期。在新产品介绍期这一关键阶段，监测的时间应当短些，每月或每季进行一次。例如，新产品投入市场后三个月内达到3%的市场份额，半年内达到8%的市场份额。然后，根据这些计划目标，拟定具体的市场营销方案。

3. 计划目标与实际结果的定量比较

包括市场营销管理的主要领域在两个计划周期内应达到的目标和实际的执行结果，并列出了各领域管理人员所做出的改进策略。这也就是控制系统怎样运行的一个例子。

4. 制订改进策略

管理人员要随时根据试销情况，发现问题，制订出改进营销方法的策略。这就需要他们具有良好的市场调查研究能力，善于收集市场信息，分析和处理各种情报资料，找出关键问题并提出改进措施。关于市场调研的内容和技术，将在后面用专门的一节内容加以研究。

5. 修正计划目标

因为经营环境总是在不断地变化，所以计划目标（执行标准）不能是刻板的。这样，控制系统的管理人员就不仅要按照预期目标衡量和评价实际执行情况，还必须通过正确地修正执行标准，以适应经营环境的变化。

6. 在规定的下一期内重复测定实际结果并与计划目标相比较

在完成了一阶段（如前三个月）的试销任务后，进入下一试销阶段，运用经过修正的市场营销策略和计划目标，直至达到计划的试销期末，或者得到预期的结果从而提前结束试销。

7. 决定新产品的命运

根据试销的结果，决定新产品的命运，即产品可以进入产品化阶段或是被放弃，抑或是进一步改进。

▶ 样品赠送促销术：送对样品卖对货

所谓样品赠送促销，指向预期目标客户免费赠送样品，以鼓励客户试用的销售促进活动。实践证明，样品赠送是吸引客户试用其产品的好方法，尤其是当新产品介入市场时运用较为有效。

与其他促销手段相比，样品赠送有以下明显的优势：

（1）容易让客户参与。在绝大部分的促销方法中，客户通常要符合某些条件或完成某些事情，才可取得产品或获得馈赠。而免费赠送样品则不同，客户无须具备什么条件就可得到产品。因此最能引起客户参与兴趣。

（2）充分地向客户展示产品的特性。样品赠送，让客户亲自试用产品，可以调动客户多种感官，是保证客户充分感受产品、认知产品的有效途径。

（3）运用弹性大，促销对象可选择性强，样品赠送可以根据公司推广需要规划特定的目标对象，既可以将样品赠送的范围扩大到全面发送，也可以缩小至某一部分特定的客户群。

样品赠送促销战术也存在一些缺点：

（1）费用比较昂贵。样品赠送，由于是无偿向客户提供产品样品，因此，尽管产品的试用率很高，但公司的各项成本费用亦很高。

（2）样品的送达效果难以控制。样品在向客户送达的过程中，常常受制于许多外界因素，从而影响样品及时、可靠地到达客户手中。比如，采用邮寄方式发送样品时，邮送时间过长或对邮寄的产品种类的限制，都会影响样品的发送。即使采用零售点发送或挨门挨户发送，也仍然存在样品被中间发送人私自吞没的弊端。

（3）范围有限，仅适合于大众化的消费性产品。对于服装等差异产品，因为很难把握准客户群，就不适用样品赠送。

为充分发挥样品赠送促销战术的功用，小公司在开展样品赠送活动时，必须注意以下几个方面：

一是样品种类。样品赠送只适用于一些特定的产品，所以，策划样品赠送活动时，首先要分析公司的这种产品是否能采用样品赠送的方式进行促销。

实践证明，日用品适合采用样品赠送促销，在这类产品中，符合以下几个条件的产品则更为合适：新产品或经过改良后的产品；大众化的消费品；经过试用后能立即了解其好处的产品；小包装的样品即能完全代表产品特性的产品。

二是样品规格。对于样品规格并无硬性规定通常依据产品特点而定，如果一次用量就可突出产品品质，则送一次就够了；如果须多次使用才能体验出产品利益，则样品规格须适当放大。另外，还应考虑到成本费用，在费用与效果之间选择一个最佳点。

三是赠送对象。合理地确定样品赠送的目标对象，是确保样品赠送活动成功的前提条件。样品的赠送，首先瞄准的是该产品的准客户群，即很可能是该产品现在或将来的使用者。

四是赠送时机。由于样品赠送是一项投资巨大的销售促进活动，公司不可能频繁地举行，通常销售旺季来临之前举办免费样品促销是最为理想的时机，既可扩大试用率，也可立竿见影地提高未来的销售额。

五是费用估计。样品赠送中可能发生的费用项目包括：包装费、送达费、广告费及其他促销辅助物的费用、其他管理费、优待券折价面值及优待券的兑换处理费。

▌ 有奖促销术：吊足客户胃口

有奖促销是公司通过有奖征答、有奖问卷、抽奖（开式、递进式、组合式）、大奖赛等手段吸引客户购买公司产品、传达公司信息的促销行为。有奖促销的最后目标就是完成"促销"量，"有奖"是一种促销手段。

有奖促销有哪些类型呢？归纳起来，主要有免费抽奖、即时开奖、竞赛活动三种形式。

（1）免费抽奖。免费抽奖就是免费为客户提供抽取大奖的机会，客户无需购买任何产品，也不需要任何参与条件，获奖者完全是随机产生的。

（2）即时开奖。指客户拿到开奖凭证后，马上就可以知道自己是否中奖，如在某产品上附带刮刮卡就属于即时开奖的范畴。

（3）竞赛活动。竞争活动是培养新客户、巩固老客户的一种有奖促销方式，参与者必须通过技巧、思维、判断力在竞赛中获胜才能得奖。竞争活动同时也是品牌与客户对话的有效方式，是树立品牌、加强品牌与客户之间的沟通的方式。

好奇心人皆有之，对于免费得来的"飞来之财"，人们也都持欢迎的态度，所以"抽奖"是一个屡试不爽、极有效果的促销活动。因为抽奖活动一定会有一大堆奖品，大大小小琳琅满目，其中更有可能是一个诱人的大奖，像机票、手机、电视机等。这样的奖项，是极易引起客户参与兴趣的。因此，抽奖活动往往能在短期内产生明显的效果。

通常，客户想参加抽奖活动，必须具有某一种被规定的资格：如购买某特定产品；买某一产品达到一定的数量；在店内消费达到固定金额；或答对某特定问题者。客户对于此类活动之所以特别热衷，在于其参加资格简易，而且奖项多，获奖容易。

在设计奖品费用时，要综合考虑促销的产品、促销活动的主题以及开展活动的地区与促销费用总预算等诸多因素。同时，也要注意实物奖品往往比现金奖品更能节省奖品费用。因为现金奖品没有打折的余地，5000元的奖金就意味着必须要花费5000元货币，但提供与5000元等值的实物奖品，就可能不必支付5000元货币，因为可以利用业务合作关系，以较低价格从奖品供应商处获得奖品实物。有奖促销的费用还包括表格和其他印刷宣传品的印刷费用，来件的评选处理费用及其他费用如税金、保险费、公证费等。

如何筹集、运用、监控有奖促销活动的费用，也是有奖销售整体策划内容之一。通常在筹集资金上可以采用自有资金，也可以采用与别的厂商合作或寻求其他赞助等方式来获得资金。

基本上，抽奖活动极适合小公司用来促销，必须注意的是，奖品及奖额的大小要有吸引力以及参加资格力求简易，这样才能吸引客户热情参与，进而提高购买力，增加营业收益。

▶ 商业贴花促销术：小贴花赚来大钞票

商业贴花又称集点优待、积分优待，指客户每购买单位产品就可以获得一张贴花，若筹集到一定数量的贴花就可以换取这种产品或奖品。客户对商业贴花的偏好不一，但总的说来，仍不失为一种重要且具影响力的促销战术。此促销战术的最终目标是让客户再次购买某种产品，或再度光顾某家商场。

一个膨化食品公司，将一些复杂而有趣的拼图拆散，分装于不同的产品包装内，客户要想集齐这些拼图，不得不反复购买几十次该公司的产品。拼图完成后，有可能是一辆翻斗大卡车，有可能是一架波音747飞机，也有可能是一个电子宠物，客户根据拼出的图样，就可以到商家指定的地方，领取一辆非常不错的电动玩具翻斗大卡车或一架电动玩具波音747模型飞机等。拼图游戏变成了寻宝游戏，试想一下，这样的集点游戏怎么会对少年儿童没有吸引力？

有个方便面公司将《水浒》一百单八将做成精美的卡片，置于方便面袋内，如果想集齐，即使运气好，每次都能买到不同的卡片，至少也需要消费方便面108包。当一些小朋友忙于收集、交换《水浒》一百单八将的时候，厂家就在旁边偷着乐。

不仅是儿童食品，一些"成人"产品的生产厂家也喜欢"玩"游戏。比如最近在北京建材市场上，就流行用拼图游戏促销。客户从商家取得拼图游戏后，如果能够按照商家规定的条件将拼图完成，就可以得到商家的价格优惠。因为优惠幅度较大，客户踊跃参与，一些客户甚至乐此不疲。

　　商业贴花与其他促销方式最大的差别在于时间上的拖延。客户必须先购买产品，再收集点券、优惠券或购物凭证，在一定时间后，达到了符合赠送的数量，才可获得赠品。

　　通常，如果某客户参加了某一商业贴花活动，他就会积极地去收集点券、标签或购物凭证，以兑换赠品，此时，自然不愿意转而购买其他品牌的产品。可见，商业贴花对解决某些促销问题深具效力，尤其是对建立再次购买及保护现有使用者免受竞争品牌的干扰等更具成效。

　　商业贴花促销包括如下两种形式：

　　（1）厂商型商业贴花：分券式、赠品式和凭证式商业贴花。

　　（2）零售商商业贴花：包括赠品式、积分券式和积点卡式商业贴花。

　　运用商业贴花促销的重要意义在于，客户可持续不断地参与。商业贴花促销战术有下列优点：

　　（1）在建立品牌形象的促销活动中，其效果反映了低成本的促销可取代高预算的广告投资。而且这一活动的方式及赠品，往往可以成为宣传的话题，以吸引客户对产品的注意。

　　（2）低成本的促销，可视为较大型且持续性的促销活动中的一个环节。活动中的赠品，也可用来强化品牌价值。

　　（3）在同类同级产品中可创造差异化。当各产品间没有什么明显差异，而令客户难以选择时，举办商业贴花活动，正好可塑造品牌特色，尤其在零售点上对实际销售更有益处。

　　（4）因持续大量购买，客户存货较多，因而可扩大产品使用率或突破季节性的限制，可使客户自由地享用。

　　但是，商业贴花促销战术也有如下不足：

　　（1）该方法对大多数的客户不具吸引力。因为如今大多数人没有耐心也不愿意只为了换得一个赠品而慢慢地等待、搜集，人们往往需要即刻实现的满足感。

（2）并非所有产品都适合此活动方式。如非经常性购买的产品就毫无效果。

（3）此法往往要花相当长一段时间来搜集点券，而这往往会令客户大失所望。因此要注意活动时间不宜拖延太长，以避免参与者失望。

（4）此活动使产品单独陈列的机会较少，因为零售店没有多大兴趣。结果往往对经销成果的促进帮助不大，付出与收获形成差距。

（5）此种促销方式最大的缺点是预算花费必须与库存紧密配合，以便能充分供应连续性促销时客户兑领的需要。而要真正做到这一点很不容易。

对于小公司来说，要想使商业贴花促销战术取得理想的效果，应注意以下几点：

（1）目标设定，费用支出及执行细节的安排。

（2）确定购物凭证或点券载体的形式：注意购物凭证和点券采用何种材料，与何种包装配合更方便客户获取。

（3）赠品的数量及花费。

（4）进行总体内容设计。

（5）确定优惠时间。

（6）进行相关事宜的处理：比如由谁来负责点券的承兑，核查和发送赠品，是通过零售店还是邮寄等。

▶ 积分优待促销术：钱是一分一分积来的

积分优待促销是一种先消费后获赠的促销战术，其基本形式是：客户需收集产品或服务消费的凭证，达到活动规定的积分数值即可换取不同的奖励，奖励可以是现金；也可以是礼品及享受一次免费服务；或者是下一次购买的折扣优惠券等。

与其他促销战术相比，积分奖的最大目的在于鼓励客户重复消费，培养忠实稳定的消费群。

积分优待促销类型繁多，一般较普遍通行的方式有以下两种：

一种是客户必须收集积分点券、标签或购物凭证等这一类的证明，达到某种数量时，则可兑换赠品。

另一种是客户必须重复多次购买某项产品，或光顾某家商店数次之后，才得以收集成组的赠品，如餐盘、T恤衫或毛巾等。

通常连续性的赠送方式，要花较长的时间来执行。因为客户必须连续数次购买或光顾某店以收集赠品，或必须买足一定限额的产品才符合兑换赠品的条件，当然需要相当一段时间才能完成。

积分优待促销的操作技巧如下：

（1）设定促销活动的目标。在很短的活动时间内，提供某个数量的点券或购物凭证，即可兑换某一特殊赠品，或是举办一个没有时间限制、不断持续下去的促销活动，并提供好几个赠品让客户随时兑领。无论选择哪一种方式，都各有其目标、费用及促销的执行细节需要设定。

（2）确定对购物凭证或是点券载体的形式。有些产品包装能很容易地取下标签或获得购买凭证，但有些产品则并非如此。例如，塑料包装或金属容器等，想从包装上取得购物证明，有时几乎是不可能的。

（3）赠品的数量及花费是运用任何一种促销方式是否能成功的关键因素。假设赠品项目只有一种时，应考虑是否事先做一下客户接受度测试。当举办促销活动的赠品不够吸引人时，通常会比没做促销来得更糟糕。另外，赠品的花费应该在什么价位才合理？能否从产品的售价里来负担此笔开销？

赠品的效用价值如何，客户的感受和评价如何？这些都是需要考虑的问题。因为再也没有比客户费尽心思收集点券，最后却换来一个毫无作用、毫不起眼的赠品更让他们失望透顶的了。

（4）整个促销活动的总体内容。客户只能接受购物凭证换奖，或是可以用现金来替代；假设所送赠品打算附在包装上，该用什么规格的包装来附赠品最具效益；等等。

（5）优惠时间。所设定的促销活动时间，必须顾及一般客户能积存足够的点券来换得赠品，以这个过程所花时间的平均值来指定。

（6）赠品的兑领处理。赠品的发送是通过零售店派送，或是通过邮寄，还是另有其他可行的发送方式？由谁来负责点券的承兑、查核、寄送赠品？这些处理方式和人选问题均需考虑。

▎优惠券促销术：让客户频频惠顾

优惠券促销是指客户根据某种凭证，在购买产品时享受一定优惠的一种促销战术。这里所指的优惠可以是直接享受价格的减免，也可以是公司事先规定的某种折扣。凭证优惠是折价促销的一种表现形式，只是多了一种价格减免的介质，目的是可以相对避开直接折价促销产生不良影响。对于客户而言，还是在价格上满足了他们的利益需求。

公司或商家使用频率最高、投入心思最多的促销手段中，优惠券促销可能算得上其中的一种了。优惠券促销已经成为当前公司或商家促销最常用、最有用的促销手段之一，优惠券促销的作用主要体现在如下方面：

（1）可以激励非目标消费群体对产品进行尝试使用。

（2）刺激忠实的客户对产品进行持续、稳定的重复购买。

（3）刺激客户对改进的产品进行试用。

（4）相对于价格较高的产品，可以刺激对产品的购买勇气和信心。

（5）可以通过收回优惠券的机会，要求客户填写相应的市场调研信息，了解产品和品牌在客户心中的地位和产品改进的方向。

优惠券在实际运作与策划过程中，一般采用如下方式实现价值：

（1）随报赠送。这种发送方式是通过随报附送，把优惠券及时派送到目标客户的手中，产生效力，避免派送的盲目和无效。

（2）直接邮寄。根据目标客户的特点，直接通过各种渠道将优惠券邮寄给他们。根据各级市场的特色，目标客户的特征，有目标地将优惠券发放和邮寄。

（3）杂志派送。杂志的订阅者一般都是该杂志的忠实拥护者，是一群相对集中、固定的客户。公司可以根据各类杂志的特色进行划分，再根据产品和杂志的相关性，进行优惠券的发放，来增加产品的使用群体。

（4）包装内或包装外附送优惠券。这种优惠券发放的优点是成本比较低，受众目标群体明确，利于客户对产品产生偏爱，增加对产品的忠诚度。

（5）卖场优惠券。这种方式的优惠券在当前终端市场销售特别流行，尤其是那些即买即送优惠券更能促进产品的销售和人流的集中。

（6）现场促销发放。通过现场促销活动，向客户发放各种优惠券，让参与的人群到指定地点进行兑现，以领取小礼品、购物折价等方式为活动增添气势和为产品销售区聚拢人气。

优惠券促销术的优点是可以增强客户忠诚度，吸引固定消费群体；可以有针对性地开展促销活动，对有消费需求的客户的促销效果比较好。

但这种促销术的缺点主要表现是兑换的过程比较难控制。在执行过程当中，如果执行不到位，可能会对产品造成一定的损失。另外，这种促销策略不适合于新的产品，因为新的产品对客户的吸引力不大，客户不是很信任，客户的参与度比较低。

优惠券促销成功的关键在于做好优惠券的管理。

在制作优惠券时应充分考虑其使用范围、优惠幅度、使用期限、使用方法以及具体设计等问题，并在推广过程中加强管理，选择好推出时机和频率，真正达到吸引客流、提升公司和产品形象等促销目的。

优惠券的金额应根据客户购买数额的分布曲线或者产品利率曲线来设定，优惠折扣范围则根据促销成本、促销期的长短、促销方式而定。

优惠券有效期限的设定要看打折的目的、卖场的促销试图如何影响客户行为、客户的自然到店频率、公司结算条件等因素。如果是专用券就只能购买指定品种或类别的产品，通用券则可购买店内任何产品；依推出时所针对的活动以及消费群体而定，比如对于普通客户一般采用普通的优惠券，有效期保持在一周至两周内结束；针对白领阶层的优惠券，可以多留几个周末作为有效期；如果只是针对开业的优惠券，有效期会设在开业后十天至一个月内结束，以拉动开业销售旺势。

在设计上要求简洁、清晰，便于在短时间内传递促销信息，同时还要便于客户携带；编号或防伪编码是否设定要看优惠券的面额高低，面额高就要注意防伪问题，因为盗版的投资回报高，如果面额低就不必了。此外，也要重视客户疑难的解释、财务业绩的核算、信息系统统一。

优惠券需要加强监控，避免"假公济私"等人为漏洞。如优惠券不与其他优惠卡（如会员卡）同时享用，不可购特价产品，不可购外来专柜产品，优惠折扣通常在9折以上，特殊情况如针对竞争对手的价格战会优惠至8折。

▐ 打折促销术：吃小亏赚大便宜

打折促销又称折扣促销，是公司在特定市场范围和经营时期内，根据产品原价确定让利系数进行让价销售的一种方式，是现代市场上最频繁的一种促销手段。

折扣促销战术，是公司为调动各方面积极性或鼓励客户做出有利于公司购买行为的常用策略。客户出于购买物美价廉产品的心理，常常喜欢关注打折促销的产品，即便客户现在可能不需要这些产品，也会抢购备用。所以，在价格上让利的打折活动是最能影响客户购买行为的促销方式。

我国有句商业谚语："三分毛利吃饱饭，七分毛利饿死人。"意思就是说，做买卖的价格要订得适当低一些，毛利率要小些。这样，算小账似乎对卖者不利，然而，低价可以吸引更多的买者，薄利可以实现多销，算大账是合得来的。例如，甲、乙是两个摆布摊的个体户，两人销售同一种布料，甲卖一米布能得7角毛利，但由于价格偏高，一天只售出布料200米，仅获利140元；乙卖一米布只得5角毛利，但因价格低廉，一天可售出布料400米（是甲的2倍），能获利200元。因此看起来自己降价吃亏了，其实根本没亏，只不过比原先预定的计划少赚一些而已，而与那些亏损对手相比，你就赚大了。

打折对客户很有吸引力，现在越来越多的公司使用打折的方法吸引客户。打折的形式也变得越来越丰富，不仅仅是降价在购买时降价销售，还有其他打折形式。

1. 数量折扣

数量折扣也称批量折扣。即根据购买者购买数量的大小给予不同的折扣。其中"一次性折扣"是公司为鼓励购买者多购货，根据一次购买数量的大小给予不同的折扣；"累进折扣"是公司为了建立稳定的购销关系而将同一位购买者在一段时间从本公司购买的数量加总，根据累计购货量的不同给予不同的折扣。

2. 季节折扣

季节折扣也称季节差价。一般在有明显的淡旺季的行业中实行。主要是鼓励购买者淡季购货，以减少供应公司的压力和负担，降低经营成本。

3. 现金折扣

购买者如以现金付款或提前付款，可以在原产品价格的基础上享受一定的折扣。

4. 业务折扣

业务折扣也称同业折扣。是公司给予批发商和零售商的折扣。折扣的大小因中间商公司在产品流通中的不同功用而各异。

需要注意的是，打折促销是一把"双刃剑"，既有有利的一面，也有不利的一面。

从有利的影响方面来说，打折促销由于给客户以较明显的价格优惠，可以有效地提高产品的市场竞争力，争取客户，创造出良好的市场销售态势。同时，刺激客户的消费欲望，鼓励客户大批量购买产品，创造出"薄利多销"的营销效果。

从不利的影响方面来说，打折促销活动的消极作用表现在以下几个方面：

（1）公司给以较为明显的折扣幅度后，客户可能会期望更有利的折扣率，容易萌发观望等待心理，客户并不购买打折的产品，从而影响产品的销售。

（2）某一阶段或者某一个公司成功的打折促销，引导客户大量购买产品后，造成未来市场需求的提前饱和。

（3）采用打折促销，容易降低产品的品牌形象，不利于品牌延伸产品的促销。

（4）打折销售的关键在于给客户让利，也就是说从公司应得的利润中抽出一部分送给了客户，其结果是降低公司的市场获利能力。

因此，小公司在实施打折促销战术时，要把握好尺度，不可滥用、乱用，以免给自己造成不必要的损害。

▍ 将免费赠送做成"大餐"

免费赠送，说白了就是不要钱白送给客户，既然是白送又何来对营销推广的帮助？怎么样让赠送不白送？俗话说：世上没有免费的午餐！就算是免费赠送也一定是有目的性的免费。

宝洁公司的新产品上市时常常会请一些学生上门派发试用装，先给客户使用，过一段时间再上门回访，了解一下客户对新产品的反应和建议，据此做出改良措施以及制定相关营销推广方案。这种免费赠送更多的是起一种市调的作用，通过免费赠送来征询客户的意见，还相当于给予客户的一种问题回答的奖励。

"免费赠送"是一种"放长线钓大鱼""愿者上钩"的促销手段。一方面，由于其功利性不明显，购买与否的决定权掌握在客户手中，再加上商家周到细致的人性化服务，因此为广大客户所接受。另一方面，"免费赠送"模式由于花费少、传名快，而为许多公司推出新产品时所乐意采用。不过，要使这种促销模式发挥最大功效，公司还要花费一番心思。

如今，整个社会已经被"免费"所萦绕，各类免费产品、免费服务以及免费体验蜂拥而至，免费促销比以往的促销手段更强烈地吸引着客户。对于小公司来说，如何才能让免费促销真正有效，将免费促销的午餐做成一席皆大欢喜的盛宴呢？

1. 副产品免费带动主产品销售

比如充话费送手机。

2. 零首付形式的"免费"

这种方式类似于分期付款，客户可通过信用担保，以零首付的方式购买产品，然后再分期偿还。不用付费就可以马上拿到心仪的产品，这样可以极大地刺激客户进行冲动消费，适用于手机、笔记本电脑等。

3. 由免费衍生收费

如游乐园对儿童免门票，吸引来的自然是带着儿童的父母。

4. 免费产生消费

先免费提供产品，然后通过产品的副产品消费或提供的服务获利。

5. 用免费吸引人气

比如，百事可乐公司与电玩制作公司合作，推出了一款《百事超人》的游戏，作为附赠品或奖品免费送给客户。

6. 通过免费获得综合收益

比如，采用一种为客户免费提供电话查号的服务，不仅可以收获客户大量点击率带来的广告收益，更重要的是获得了价值上千万美元的数据资料。

7. 互利免费

公司为客户提供免费产品或服务，客户在受益的同时，成为广告的接收者或传递者，最终促进收费产品销售。

8. 免费转嫁

可以通过与其他公司或厂家、经销商、商场、超市进行合作，举行有奖竞赛和知识问答活动，可以达到共享相同的客户资源的目的。

免费赠送不是乱送，必须有一定的条件，否则送的方法不对就有可能变成白送，不但不能带来产品销量，达到吸引客户的作用，更可能伤害产品的形象，这就得不偿失了。用于赠送的产品及后续的服务要有以下几个特点：

（1）强大的产品力。赠品也要有很高的质量，很好的产品力，不能用次品来蒙骗客户，不然就达不到目的。

（2）产品同质化程度不高。产品同质化程度低，具备产品特色，很容易在众多品牌中凸显出来。

（3）必要的促销准备。选择人流量大的黄金商圈的零售点作为赠送点，并且形成赠送点的网络化。

（4）并非一送了之。赠送过程中，要多做宣传活动，通过对客户详细介绍产品特色，达到打动客户、快速拓展市场的目的。

当代营销已经越来越顾及客户的感受以及与客户本身的互动，免费赠送也成为公司产品撬开市场的利器和必经之路。免费是比低价更能吸引客户的促销战术，小公司的管理者要科学合理地运用，把握好分寸，才能使公司的免费促销达到事半功倍的效果。

▶ 把现场演示变成销售的大卖场

现场演示促销，即在销售现场，由公司安排促销人员对公司产品进行特殊的现场表演或示范，以及向客户提供咨询服务。它是现今公司或商家十分青睐的一种促销手段。

现场演示促销的好处表现在如下方面：

（1）促进客户了解新产品。新产品要想得到客户的认可和接纳，首先必须取得客户的了解和信任。广告虽然可以向客户传播新产品信息，但它毕竟只能给客户抽象的概念，而产品示范，则能让客户获得更实际的了解。营业员通过现场演示，能将产品的性能特点全面、真实地展现在客户眼前。

（2）吸引客户的注意力。根据推销学中著名的爱达公司理论，要想把一件产品成功地推销给客户，首先要引起客户对产品的注意，然后让客户对产品产生兴趣，继而产生购买欲望和行动，即注意—兴趣—欲望—行动四步曲。所以，客户能否注意到公司的产品，是决定公司产品能否顺利销售出去的关键一步。客户进入商店之后，除了按计划购买之外，还会即兴购买他们注意到并且感兴趣的产品。现场演示的最大功效就在于能通过带有戏剧性的表演，通过发声、发光、客户实际操作等来吸引客户的注意力，使客户驻足观望、了解并喜爱其产品。

（3）能向客户提供强有力的说服证据。俗话说："耳听为虚，眼见为实。"一种产品的性能如何，广告上说得再好，也不如亲眼目睹让人信服。现场演示可以加深客户对产品的实际感受，强化媒体广告的宣传效果，所以，对一种知名度尚不很高的新产品来说，若将广告促销与现场示范促销结合使用，则二者相得益彰。广告可以大范围地传播产品信息，现场演示又可以集中在购物场所帮助客户回忆、证实从广告中得到的信息，因此，必能收到良好的促销效果。

（4）促销费用低。现场演示促销除了以上三个突出优点外，促销费用低也是其重要特点之一，其成本费用主要是用于演示的产品样品费用、辅助品(如榨汁器用的水果)费用及专柜的租用费、促销人员的劳务费等，与其他许多销售促进工具相比，费用比较低，但在现场促销效益却并不差。

现场演示促销操作技巧如下：

　　一是现场演示的适用范围。并不是所有的产品都适宜采用现场演示的形式促销，在通常情况下，做现场演示的产品最好具有以下几个特点：

　　（1）技术含量比较低的大众化消费品。因为这类产品演示起来比较方便，演示的过程和效果比较直观，客户容易理解和把握。

　　（2）有新型的使用功效。如果该产品与市场上已有的其他同类产品相比，并没有更先进、更优越的性能，就没有必要做演示，因为演示的结果并不能激起客户的好感和购买欲望。

　　（3）能立即显示产品的效果。演示过程中，客户必须确切地感受到产品的使用功效，才可能产生购买兴趣，如亲眼见到挤压出粗细均匀的面条，或亲自感受到电子按摩椅按摩后的舒适等。如果产品使用后的效果不能立竿见影，则现场演示的效果也就会大打折扣。

　　二是示范表演者的演示水平。现场演示，目的在于将产品的特点、性能，真实、准确、直观地传达给客户，通过刺激客户的感官而刺激客户的购买欲望。因此，示范表演者的操作要熟练，要能充分地展示产品的优越性。示范表演者的操作水平，直接影响着客户对产品的信任程度。

　　三是现场演示的技巧。现场演示要想能吸引客户的注意力，就必须具有一定戏剧性。演示的戏剧性越强，越容易激起客户的购买欲望。例如，一位促销人员为了证明一种洗涤用品的去污能力，他总是将墨水、酱油之类的东西先泼在自己的白衬衣袖子上，然后再演示洗涤剂的洗涤效果。结果，吸引了不少人围观，使不少客户"慷慨解囊"。这种演示方法就比将墨水泼在毛巾上或布头上要有戏剧性，也更有说服力。因为如果演示者对产品没信心，就不会舍得将污物泼在自己的衣服上。

　　小公司一方面要组织安排好现场演示活动，另一方面要加强对演示促销人员的演示水平和技巧的培养，强化演示的效果，力争把演示现场变成销售的大卖场。

▌ 逆市销售，淡季也可变旺季

很多产品的消费，客观上存在淡旺季。例如，饮料类产品在夏季为销售旺季，到了冬季就进入销售淡季。

淡季时市场不景气，产品销量平平，大多数中小公司也忽视淡季时的营销与管理工作，认为在淡季时加大营销的投入与产出难成正比，因而不愿意在淡季投入人力、物力，不愿意集中力量实施促销活动。

其实，在市场淡季时公司才最需要用心经营，加大营销力度、促销，只要措施得当，在淡季时仍然可以提高产品的销量，甚至可以制造出"旺季"的局面。那么在市场步入淡季时，如何经营才能使公司销售淡季不淡，依然有丰厚的收益呢？

公司要想在淡季打开市场，提高产品销量，需要把握的营销策略——"旺季取利，淡季取势"。

"旺季取利，淡季取势"是淡季营销的核心思想。取利，就是要夺取最大销量；取势，则是获取制高点，争取长期的战略优势。石处于山底，大而无力；置于山顶，则小而有势。同样，山顶的小草比山下之参天大树有更高的势。同时，淡季需求不旺。公司的营销应更强调竞争导向，把更多的精力放在关注和分析竞争对手上。相对而言，旺季则应强调需求导向，顺应客户需求的功能创新对于"取利"更有现实意义。

另外，淡季意味着销量的绝对减少，应该尊重这一客观事实。抢减量、增销量、提高销量，是淡季营销最直接、最现实的目标。

目前，旺季的辛苦劳累和淡季的休养生息，已然成为一些公司的运行规律。这本也无可厚非。但常理的存在，也是机会的存在。同时，淡季销量的增长显然不会来源于市场的增量，而是来源于对手的减量。说白了，就是在对手松懈时从他们手中抢。这也是"淡季旺做"策略被采用的原因。

在淡季时采取逆向营销操作可以避开竞争对手，取得出人意料的收获。因为，过了销售旺季大部分就都偃旗息鼓，撤下了广告与促销人员，取消了促销政策等。虽然此时是销售淡季，但是相比较而言，这时市场竞争对手很少，市场总体的营销攻势薄弱，只要及时实施，能够赚取小市场中的大份额，收益还是很可观的。

"旺季抢增量，淡季抢减量"是淡季提升销量的根本策略，以比对手更强的促销、更广的宣传和更低的价格进行掠夺。但需要指出的是，淡季的绝对量毕竟有限，所以，投入的人力、物力要有度，抢的程度也要有度。而且，淡季做销量，同样重在取势。

另外，创新很重要。营销的本质就是要将同质产品卖出不同来。创新就是要创造差异化、差异性的促销、差异性的市场定位和市场选择来完成淡季销量的增长。

某咖啡销售公司在印度销售巧克力时因为当地气候非常炎热，销售巧克力的场所又没有空调，很多销售场所不过是在路边支起的地摊，巧克力就是摆在烈日下销售的。在35~45℃的高温下，巧克力都化成了液态，因此，当地一年中最炎热的9个月都成了巧克力销售的淡季。一个销售商开玩笑地说：你们的巧克力都是被当作饮料出售的。这句话引起了该公司的注意："既然我们的巧克力都是在液体状态下卖出去的，那我们为什么不直接卖液体巧克力呢？"不久，液体巧克力产品面世，并且受到了空前的欢迎，从此该公司的巧克力产品在印度没有了销售淡季。

对于小公司来说，要做好淡季促销，需要把握好以下的操作要点：

（1）把握区域市场的特殊性。例如，东北和广东的服装市场就有很大的差异性。

（2）加大促销力度，主推中高档产品。应在淡季出台更优惠的销售政策，对重点市场、渠道成员和重点客户加大促销力度。

（3）根据公司和产品的特点选择促销的时机、场所。

（4）淡旺季价格应有所区别，要充分运用"季节差价"策略，激励客户淡季购买。

（5）适当开展逆市销售，淡季时要把握"淡季宣传，逆流而上，抓住空档，合理促销"的原则，有的放矢。

（6）规划产品战略，规避公司的季节性经营风险。

但是，在淡季销售产品无论如何也无法与旺季相比这个事实是存在的，小公司在进行促销时要考虑损益平衡，毕竟同样的宣传推广费用在淡季所能达到的效果远低于旺季，尽可能避免赔本赚吆喝的情况。

第八章

客户服务术：

款待小公司的衣食父母

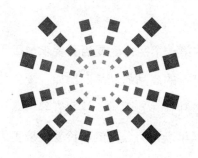

在竞争越来越激烈的市场环境中，客户成为稀缺的资源，每个公司都在为开发客户、留住客户做出努力。小公司如何与大公司争夺客户？不仅要靠产品质量、靠信誉、靠口碑，还要靠独一无二的优良服务。

营销不是一锤子买卖，不是将产品卖出去就大功告成了。小公司要将售后服务作为一种重要的宣传和促销手段，为客户提供个性化、亲情化、人性化的服务，想客户之想，急客户之急，如此才能赢得客户的信任与青睐，牢牢抓住各方财神，带来滚滚的财源。

▶ 客户是小公司的衣食父母

客户是公司产品销售的对象，是公司赖以生存和发展的衣食父母。由于科技的进步、经济的发展、市场竞争的加剧，使得今天的客户不同于以前的客户，今天的市场也不同于以前的市场，市场的主导权已由厂商转向了客户手中。而在今天的市场经济的大潮中，谁赢得客户，谁就赢得市场，谁的公司就能够有所发展。

公司因客户而存在，因客户而成长，所以要牢固树立服务客户的价值理念，以客户为本，以客户为上帝，全心全意为客户提供最好的产品和服务。

麦当劳为何能在百家争鸣的快餐行业中拥有一片天？可以说，这完全源于麦当劳"客户至上""客户就是上帝"的服务精神。

麦当劳公司的最高经营理念就是服务客户的经营理念——Q、S、C、V，这同时也是公司内部形象的标志。

Q：代表品质、质量，是英文quality的第一个字母。麦当劳要求员工无论在何时、何地，对任何人都要提供永不打折的高品质产品。比如：麦当劳北京分店的食品原料绝大部分（高达95%）在中国本土采购。这是在经过多年（长达4—5年）的筛选后才实现的。如1984年麦当劳公司的马铃薯供应商为了找到优质合格的马铃薯，就先后从美国本土派出若干名马铃薯专家，前往中国的黑龙江、内蒙古、河北、山西、甘肃等地进行实地考察、试验，最后终于将河北承德确定为麦当劳公司的马铃薯供应基地，在承德围场培育出了符合麦当劳标准的马铃薯。

S：即服务，是英文service的第一个字母。麦当劳要求员工为客户提供迅速、正确的服务，并且面对客户要笑脸相迎。

麦当劳公司作为餐饮零售服务业的龙头老大，把服务视如性命般重要。每个员工进入麦当劳公司之后，第一件事就是接受培训，学习如何更好地为客户服务，使客户达到百分之百的满意。为此，麦当劳公司要求员工在服务时，应做好以下几条：

（1）服务员必须始终保持微笑，并且按柜台服务"六步曲"为客户服务。当客户点完所需要的食品后，服务员必须在1分钟以内将食品送到客户手中。

（2）客户排队购买食品时，等待时间不超过2分钟，员工必须快捷准确地工作。

（3）客户用餐时不得受到干扰，即使吃完以后也不能"赶走"客户。

（4）为小客户专门准备了漂亮的高脚椅，免费赠送精美的小礼物。

C：即清洁卫生，是英文cleanliness的第一个字母。麦当劳公司对快餐店内部的卫生清洁有严格规定。

V：即价值，是英文value的第一个字母。麦当劳要求为客户提供服务的员工尽可能使每一位客户都感受到自己受重视，达到最高满意度，认为来麦当劳消费值得。

对于小公司来说，如果像麦当劳一样，把客户放在心底，视客户为上帝，还愁没有财路吗？

当今世界经济迅猛发展，产品日益丰富，同类产品竞争对手的日益增多，使广大客户的眼光精益求精、日益挑剔，客户的地位日趋显赫，稍有不慎，潜在的客户便失去。客户越来越清楚，在买与不买、买多与买少的抉择上，他们有生杀予夺的权力。得罪了"上帝"，失去了"上帝"，那就等于是在砸自己的饭碗！小公司应当将"客户就是上帝"作为自己的座右铭，作为自己开展管理和营销活动的指导准则，将客户作为自己的衣食父母，全心全意为客户提供贴心、全方位的服务。赢得了客户，就赢得了市场，赢得了利润。

▶ 客户份额有多大，公司钱袋就有多大

所谓客户份额，就是指一家公司的产品或服务在目标市场客户群中所占的比重，还可以更形象地称之为客户的钱袋份额。

客户份额营销理念是美国营销学家佩伯斯和罗杰斯在20世纪90年代提出的，两人也因此进入了世界顶尖管理大师之列。

自20世纪60年代市场份额的概念被提出以来，它就成为大多数公司广泛采用的衡量公司盈利能力和竞争优势的主要指标。在之后的研究中，很多学者发现，公司在一味追求市场份额时，客户满意度和忠诚度却下降了，大规模的广告营销和大量客户给经营带来的错觉和市场增长拉动投资需求等市场份额策略，正在把公司带入成本剧增、利润虚无和资金被套等困境。于是，唐·佩珀斯和马莎·罗杰斯在20世纪90年代提出客户份额营销理念。

客户份额的基本观点是：通过更好地满足客户个性化需求，提高客户满意和客户忠诚，维系那些对公司有重要价值的客户，而良好客户关系的维持不仅降低了交易成本，而且在更长的时间内甚至是终身来满足客户需求，从而收益更多。

传统营销理念的市场份额是将客户看作没有个性的群体，其立足点站在

公司一边，是"以产品为中心"，而采用"客户份额"思路的公司则把客户视为不同的个体对待。因此，以客户份额为核心的公司可以向少量的客户销售更多的产品或服务，从而增加成本效益。

对于小公司来说，如何才能提高客户份额呢？主要有以下几种策略：

1. 实施客户价值创新，创造客户让渡价值和提高客户感知价值

客户让渡价值是客户满意的物质基础，而客户感知价值是客户满意的心理基础，因此通过客户价值创新，创造客户让渡价值和客户感知价值可以大幅度提高客户满意度。客户价值创新的措施可以是多方面的，既可以是产品本质功能的根本性技术创新，也可以是表层功能的外观新型设计；既可以是服务内容的差异化与特色化，也可以是服务过程的响应化与亲情化，还可以是服务环境的个性化与体验化等。

2. 改善客户服务质量，优化客户服务管理，全面提高客户满意度

随着客户消费从产品消费向服务消费的结构性升级，服务质量成了客户评价与选择消费的关键指标，改善客户服务质量已经成为创造客户价值和提高客户满意的重要方法和突破口。客户服务质量主要表现在三个方面，即时间的即时性、技术的准确性和承诺的可靠性，公司应该在售前、售中和售后不断地给客户提供产品设计、信息支持、技术培训、新品推荐、保质维修、产品跟踪等基本服务或增值服务，全面提高客户满意度。就管理而言，客户服务质量改善的关键在于内部员工服务质量意识的转变和服务质量技能的提高，公司应该加强员工服务质量培训和建立规范化的客户服务质量考评与优化体系，从根本上提高客户服务质量满意度。

3. 加强客户忠诚管理，针对客户忠诚的层次性，实施差异化的客户管理方法

按照客户重复购买频度和积极态度的强度，客户的忠诚度可划分为"购买频度高、积极态度强"的持续忠诚、"购买频度低、积极态度强"的潜在忠诚、"购买频度强、积极态度弱"的惰性忠诚和"购买频度弱、积极态度弱"的不忠诚等客户,针对忠诚度不同的客户可实施"忠诚方案""吸引方案""保持方案"和"放弃方案"四种策略。实施区别性、差异化的忠诚客户管理方法,有利于公司将有限的资源更多地投放到忠诚度高、营利性强的目标客户身上,减少对非营利性客户的资源投入,在优化公司营销资源优化配置的基础上实现高价值客户的客户份额大幅度上升。

随着竞争日益激烈,客户成了公司发展的重要资源。因此,小公司应首先在经营理念和管理策略上实现从市场份额策略向客户份额策略的转变,将公司经营的重点从竞争转向客户需求。

▶ 会员制营销:与客户谈"恋爱"

会员制营销就是公司通过发展会员,提供差别化的服务和精准的营销,提高客户忠诚度,增加公司长期利润。其中,会员卡是会员进行消费时享受优惠政策或特殊待遇的"身份证"。

会员制营销又称"俱乐部营销",公司以某项利益或服务为主题将客户组成一个俱乐部形式的团体,开展宣传、销售、促销等营销活动。客户成为会员的条件可以是缴纳一笔会费或购买一定量的产品等,成为会员后便可在一定时期内享受到会员专属的权利。

2003年10月,北京普生大药房正式推出会员制营销政策,具体如下:

一是会员入会收费,每年需缴100元会费。

二是颇具诱惑力的低会员价，同类药品比同行普遍低5~20个百分点。另外，普生大药房为会员提供免费健身及积分送公园年票、免费体检、保险等服务。

北京普生大药房自实施会员制营销政策后，店里的药价确实与一般的平价药房拉得很近，有些药甚至还低于平价药房。在普生大药房买药的一位会员这样说："普生会员费是贵了一些，但是这里的康必得比金象大药房低2元多，安宫牛黄丸比金象大药房低130元，而金象卖98元的金施尔康这里才卖74元左右。这样算下来，我买一粒安宫牛黄丸就能捞回那百元本钱，我觉得一点都不吃亏，何况这会员资格是终身有效的。"

北京普生大药房为什么采取会员入会收费制呢？

西单普生大药房秦经理的解释是："这是出于建立会员数据库、稳定客户群的需要。普生会员数据库是通过计算机软件将会员的各种相关信息集中统一处理，做到按全体会员之需购进药品，需要多少进货多少，不会再发生药店常见的库存积压浪费，从而大大降低了成本，盘活了资金。"

愿意花100元入会的老客户多为药品消费大户，其中年购药量超过5000元的占50%，超过3000元的占40%，这部分人的购买金额一直稳稳占据了普生总销售额的40%，成为药店最可靠的消费群体。这样可以很好地开发维护忠诚客户。

最后，经过几年推行的会员制营销，北京普生大药房的销售额也明显上升了，北京普生大药房的会员制政策就是传统的"会员制营销"。

会员制营销的目的是通过与会员建立富有感情的关系，不断激发并提高他们的忠诚度，是一种能抓牢会员的心、培育忠诚客户的营销方式。会员制营销一般经历以下几个步骤：

（1）设计会员体系，选择最好的会员营销软件。

（2）发卡、记录消费记录。

（3）分析数据，会员分类，开展针对性营销活动。

（4）分析活动投入产出比，提出改进意见。

在开展针对性的会员营销活动时，点对点的访问式公关、重点客户档案建设、客服专员的人性化、数据库运作与增值等都是有效的技巧。互动观念在市场运作同样必不可少，策划会员制营销活动时，不要仅仅局限于一些打折活动和奖励，而是应该把会员看作一笔庞大的资本，需要从不同的角度考虑这一优势资源。

会员制营销最主要的优点是为公司培养众多忠实的客户，建立一个长期稳定的市场，提高公司的竞争力。薄利多销是会员制营销公司的一个普遍特征，而且会员一般都有时间期限，在此段时间内会员都是公司的客户，公司的产品或服务特征会给客户留下深深的印象。如果公司能够让会员满意，这种情况可能会长久持续下去。由于会员制能把大量客户长期吸引在公司周围，对竞争对手来说也是一种变相打击。

会员制营销不但可以稳定老客户，还可以开发新客户。由于实施会员制的公司普遍具有比同行业更优惠的价格，因此对新客户的吸引力很大。此外，大部分会员卡是允许外借的，这也给新客户提供了机会，大大增加了成为会员的可能性。

不仅如此，会员制营销还能增加公司的收入和利润。会员的消费是公司扩大市场份额的重要支柱，并成为公司收入和利润的新增长点。同时，对于一部分收费式会员制，在达到一定规模的情况下，能够使公司在短时间内拥有大量可支配资金，并取得可观的会费收入。对于资金有限的小公司来说，会员制营销可以在一定时期内缓解资金上的困境。总之，会员制营销有很多优点，小公司只要运用得当，就可以从中收到很好的成效。

▶ 忠诚营销：让客户对你不离不弃

忠诚营销，顾名思义就是在营销时以培养客户的忠诚度作为主要诉求，不仅仅将客户的需求作为营销侧重点，还应在满足客户需求的同时，让客户在自己的产品上产生一种习惯和感情。

忠诚营销是一种销售策略，旨在通过能够给双方增值的长期沟通，发现、维持并赢得由最主要的客户带来的增量收益。忠诚的根源是客户对自己与产品生产者、服务提供者之间关系的良好感受。真正的忠诚来自客户感受到的、通过双向沟通所传递的价值和相互关系。

目前，一些公司希望通过折扣或回馈来招揽客户、留住客户，并把这种活动称为"忠诚营销活动"，这实质上是一种"客户贿赂"，对于培养客户信任没有任何作用。

其实，每个公司都在不同程度上知道拥有忠诚的客户是好事。可是究竟忠诚的客户对于公司来说有多少价值，可能绝大多数的公司并不知道。

研究表明，公司在正常经营的情况下，客户的利润预期与其停留的时间成正比。失去一个成熟的客户与争取到一个新客户，在经济效益上是截然不同的。哈佛大学学者以美国市场为研究目标，发现在汽车服务业，流失一位老客户所产生的利润空缺起码要三位新客户才能填满。同时，由于与老客户之间的熟悉、信任等原因使服务一个新客户的成本和精力要比服务一个老客户大得多。

客户忠诚度是公司利润的主要来源。公司的忠诚客户越多，公司的收入越多，发展忠诚客户的获利率也往往高于公司的其他业务活动。客户忠诚度每提升1%，会带来客户终身价值（每个购买者在未来可能为公司带来的收益总和）4%的增长。

研究表明：忠实客户比初次光临的客户可为公司增加70%~80%的利润，忠实客户每增加1%，公司利润则相应增加25%。

忠诚营销对于公司长期的经营计划和持续的利润增长具有非同寻常的意义。对于小公司来说，要将忠诚营销作为公司所有营销活动中的一项重要工作来抓，通过忠诚营销的成功实施，为公司带来源源不断的忠诚客户。

但是发展忠诚客户也不是一件轻而易举的事。有时满意的产品却不足以保证客户会再次光临，有时甚至"赔本"的低价也仍然无法挽留住客户已经"飘然远走"的心……在如今这个公司林立、产品琳琅满目的世界里，有什么方法才能使客户对自己的公司、产品"忠诚不渝"呢？可以从以下三方面入手：

1. 让客户认同"物有所值"

培养忠诚的客户群，不仅要做到"价廉物美"，而且更要让客户明白这个产品是"物有所值"的。公司只有细分产品定位、寻求差异化经营、找准目标客户的价值取向和消费能力，才能培养出真正属于自己的"忠诚客户群"。

2. 提高产品质量

产品质量是公司开展优质服务、提高客户忠诚度的基础。世界众多品牌的发展历史告诉我们：客户对品牌的忠诚在一定意义上也可以说是对其产品质量的忠诚。只有质量过硬的产品，才能真正在人们的心目中树立起"金字招牌"，从而受到人们的爱戴。

3. 合理地制订产品价格

当然仅有产品的高质量是不够的，合理地制订产品价格也是提高客户忠诚度的重要手段。公司要以获得正常利润为定价目标，坚决摒弃追求暴利的短期行为；要尽可能地做到按客户的"预期价格"定价。所谓"预期价格"，是大多数客户对某一产品的"心理估价"。如果公司定价超出"预期价格"，客户会认为价格过高，名不符实，从而削弱购买欲望；如果公司定价达不到"预期价格"，客户又会对产品的性能产生怀疑，进而犹豫不买。

4. 提升服务品质

公司要为客户提供满意的贴心服务来开展各种促销活动，致力于为客户创造愉快的购买经历，并时刻努力做得更好，超越客户的期望值。要知道，经常接受公司服务而且感到满意的客户会对公司有正面的宣传作用，而且会将公司的服务推荐给朋友、邻居、生意上的合作伙伴或其他人。他们会成为公司"义务"的市场推广人员。特别是小型公司，就是靠客户的不断宣传而发展起来的。在这种情况下，新客户的获得不再需要公司付出额外的成本，但显然又会增加公司的利润。

5. 对终端客户，用好会员卡

在2002年度广州百货零售业的排名中，友谊百货总店以超过9亿元的年销售额名列前茅，据统计，在这9亿元的销售额中，竟然有高达61%是由VIP会员创造的，可以说是忠诚的客户为友谊百货赢得了高利润的增长。

那么，公司应如何利用VIP卡培养忠诚的客户？首先，要对自己的目标客户进行区分，VIP卡要成为商家酬谢忠诚客户的优惠，而不是"寻觅便宜货"的工具。其次，回报必须诱人，VIP卡的回报可以是物质的，同样也可以是情感的。在物质方面，商家的回报必须与VIP会员的价值观相符，一些奢侈品的推介试用以及增值服务，将会比单纯的折扣和大量的廉价品赠送要更具吸引力。同时，商家也可以通过一些非实物的酬谢，使客户沉浸在一种归属感中，例如开通热线、举办俱乐部会员活动等。最后，对VIP客户服务项目要更新，例如新品试用、免费升级、折旧换新等。总之，要让VIP会员感受到自己"与众不同"。

只有保持稳定的客户源，才能为公司赢得丰厚的利润率。忠诚的客户不需要公司付出多少经营成本，就能购买公司更多的产品与服务，而且他们还不断尝试购买公司的新产品。如果公司的忠诚客户数量不断增加，那么它的经营成本就会相应减少，并且忠诚客户还会经常推荐别人购买该公司的产品与服务。发展忠诚客户，对小公司来说是一本万利的事情。

▌ 二八营销：让20%的客户创造80%的利润

在商界，流行一则被称为"二八定律"的法则。"二八定律"又称80/20法则、帕累托法则，是指公司80%的利润来自20%的客户。

"公司80%的利润来自20%的客户"，这说明少量的关键客户能为公司创造了大量的利润。一小部分关键客户通常能为公司带来一部分不成比例的销售额，这些客户频繁购买，或大量购买，抑或两者兼备。比如，有小孩的家庭会购买大量洗衣粉；大批量制造商要比小批量制造商定购更多的原材料和元件，等等。

每个客户对公司的贡献率是不同的，这就决定公司不应将营销努力平均分摊在每一位客户身上，而应该充分关注少数重要客户——关键的少数，将有限的营销资源用在能为公司创造80%利润的关键客户身上，如大量使用者、老客户以及某些关键客户。

1. 针对大量使用者的营销

根据客户使用产品的数量可以将客户分为少量使用者、中等使用者和大量使用者。大量使用者虽然在所有使用者中占的比例较小，但其消费量却非常大。

通常情况下，一个大量使用者会比一个少量使用者更加主动接收产品信息，对此类产品也更加了解，公司不必花费大量营销成本去宣传此类产品的常识，只需要集中力量诉求本公司产品的独特利益来吸引大量使用者的注意。很多公司根据客户购买数量的不同给予了不同级别的奖励制度以吸引大量的使用者购买，如数量折扣等营销方式。有些公司还专门针对一些特殊的产业客户设立了大客户部，专门负责对大量使用者的营销。同时，公司还可以采取措施，适当增加客户的使用量，使少量使用者转变成大量使用者。

2. 针对老客户的营销

长期以来，在生产观念和产品观念的影响下，公司营销人员关心的是产品或服务的销售，把营销的重点集中在争夺新客户上，一旦客户购买了公司的产品或服务，营销人员便对他们失去了兴趣。其实，与新客户相比，老客户会给公司带来更多的利润，公司在努力创造新客户的同时，应想方设法培养现有客户的忠诚度，像对待新客户一样重视老客户的利益，着眼于公司与客户的长期关系。

默瑟管理顾问公司的负责人邓肯说：能成功留住老客户的公司都清楚，最宝贵的资产不是产品或服务，而是客户。因此，应该像管理其他资产一样尽心尽力地管理自己已有的客户群。公司除了要与一些老客户保持长久的关系之外，还要使客户的退出管理常规化，经常计算客户的流失率，分析客户流失的原因，争取挽回失去的客户，同时改进日常工作。

3. 针对关键客户的营销

不仅要对客户进行"量"的分析，还要进行"质"的分析，有些关键客户，或许他们的购买量并不大，但对小公司却可以产生较大的影响，如国内颇具实力的名牌公司或有国际排名的跨国公司。如果能成为他们的原料或产品供应商，小公司会在市场推广、形象宣传、产品销量、利润增长和未来发展等方面获得许多难以估计的潜在“利润”。所以公司应该努力争取得到一些有较大影响力的关键客户，但他们往往在购买过程中比较挑剔，购买程序更加烦琐，公司可能要付出更大的营销努力才能得到少量的订单。同时，平时就要注意苦练内功，不断提高竞争力。

二八营销法则的核心是在进行了全面的客户分析后，重新合理分配营销力量。对于能够成为公司主要增长点的重要客户加强力量，从全局的角度考虑公司的营销规划。

有的学者将80％的客户称为“有用的多数”，没有这些人，公司会遭受损失，但还能生存下去；把20％的少数人称为“关键的少数”，即使只失去少量这部分客户，公司也会陷入困境。

小公司在营销过程中，应致力于为客户提供优质服务，应该以最大努力来留住为公司提供80%利润的20%的客户。要努力用20%的产品创造80%的销售额，并把握那些能做成80%生意的和创造80%利润的客户。

开发大客户，小公司要依靠“大财神”

大客户，也称核心客户、重点客户、关键客户、白金客户，是市场上卖方认为具有战略意义的客户，经常被挑选出来给予特别关注。大客户其实就好比精品店、饭店的VIP客人一样，是公司收益的主要来源。

小公司要从战略上重视大客户，深入掌握、熟悉客户的需求和发展的需要，有计划、有步骤地开发、培育和维护对公司的生存和发展有重要意义的大客户，为大客户提供优秀的产品和服务，建立和维护好持续的大客户关系，帮助公司建立稳定的利润渠道。同时，通过大客户管理，解决采用何种方法将有限的资源（人、时间、费用）充分投放到大客户上，从而进一步提高公司的市场份额和订单签约成功率，改善整体利润结构。

识别大客户，并以个性化服务提高其满意度和忠诚度，是把握该客户群的最佳办法。

谁是大客户？大客户想要什么？如何获得大客户？如何对大客户开展推销？大客户如何被管理？

大客户开发可以按以下几个步骤进行：

（1）分析大客户。通过对大客户划分标准与类型的系统了解，可以在营销中做到有的放矢，达到事半功倍的效果。

（2）找准你的大客户。分析和了解客户是未来做好销售工作的基石。先分析哪些是大客户或潜在大客户，然后针对潜在大客户进行有计划和有目的培养。

（3）寻找大客户的突破点。寻找大客户突破点的步骤如下：构建大客户信息渠道；挖掘大客户需求；确定你的进攻方向；大客户的采购流程和管理；找出你的关键人投其所好；与大客户进行亲密接触。

（4）打好攻坚战。找到大客户后，就进入"攻坚"阶段了。公司要通过各种方式向大客户发起"进攻"，与大客户建立联系，可以向大客户发送电子邮件，邮寄公司简介、产品目录、赠品或礼品。与此同时，要组织销售人员对大客户进行访问，面对面地与大客户交流，以建立起双方的商务往来关系。

与大客户建立起关系后，就进行实际营销阶段了，此外，还要做好以下几方面的相关管理工作。

（1）要摸清大客户所处的行业、规模等情况，建立完善的大客户基础资料。同时，要依据资料提供的信息，对大客户的消费量、消费模式等进行统计分析，对大客户实施动态管理，连续对客户使用情况进行跟踪，为其提供预警服务和其他有益的建议，尽可能降低其风险。

（2）实行客户经理制。客户经理制是为实现经营目标所推行的组织制度，由客户经理负责对大客户的市场营销和关系管理，为大客户提供全方位、方便快捷的服务，大客户只需面对客户经理，就可得到"一揽子"服务及解决方案。客户经理可以通过数据分析出某类大客户偏好什么类型的消费群，其消费热点是什么，然后派出营销代表在该客户群中进行有针对性的营销活动，这样会增加业务推介成功的机会，提高大客户服务的工作效率。

客户经理还应为大客户提供免费业务、技术咨询，向大客户展示和推广新业务。根据客户的实际需求向大客户提供适宜的建设性方案，以优质高效的服务提高客户的能力，使客户最大限度地提高工作效率。

（3）建立大客户管理系统。大客户管理系统，是在为大客户服务的整个过程中，为大客户的市场开拓、信息管理、客户服务、营销决策与战术提供的一个综合信息处理平台，它需要公司了解大客户构成与整个客户群体的构成差异，并按客户的自然属性进行分类，挖掘出影响大客户的关键自然属性特征，使公司能准确地掌握市场动态，并根据市场需求及时调整营销策略。

（4）制订针对大客户的销售政策。大客户与一般客户对公司重要性的不同，决定了二者在销售政策上应有所区别。这种区别要能保证大客户资源的稳定和发展。对于合同量大、回款良好的大客户，可以适度地给予一定的价格优惠；对于价格较高、合同稳定的客户，可以在货款回收上适度地放宽；对于合作良好，无质量异议损失的客户，可以适当地增加销售费用，增加走访次数。

大客户在一定程度上就是小公司的大"财神"，大客户的意义对小公司是重大的，小公司的管理者一定要抓住少数的大客户，保证他们为公司带来最大经济价值。

▶ 搞定黄金客户、铁质客户、铅质客户

公司要想获得更多的利润，就要努力争取到更多的客户。从理论上讲，客户越多，对公司越有利。但是我们也要看到一点，并非每一个客户都能为公司带来利润。市场竞争激烈程度与日俱增，小公司的资源有限，为了使公司获得更大的客户价值，就必须把有限的资源投入到对公司最具价值的客户身上。

目前公司管理理论研究的重要成果之一，就是提出了客户价值的判别标准和如何运用它进行客户分类。基于客户价值的定义，根据客户的当前价值和潜在价值两个维度指标，可以把客户分为白金客户、黄金客户、铁质客户、铅质客户四种类型。不同类型的客户，是要区别对待的。前面已经介绍过白金客户，现在来看另外三种类型：

黄金客户也是公司利润的一个主要来源，只不过他们为公司创造的价值比白金客户小一些而已。黄金客户在公司中所占的比例要比白金客户大一些，根据20/80的原理，一般是白金客户占到客户总数量的5％，黄金客户占到15%左右。这部分客户也为公司的利润做出了很大的贡献，它的特征就是具有很高的当前价值，但是其潜在价值并不高，而且其数量较多，所以对待这类客户的管理策略，就与白金客户有所不同了。

对于这类客户，小公司的重点工作就是充分利用公司已有的客户信息，找出客户的深层次需求，来扩大黄金客户给予公司的客户份额，并且努力去

维持这些客户。

黄金客户虽然说是公司的忠诚客户，但是与白金客户相比，其忠诚度是比较低的。因为黄金客户在与公司进行交易的过程中很注重产品的价格，经常和公司进行产品价格方面的谈判，而白金客户一般不会在乎产品的价格，他们关注的是产品的质量、产品在市场上是否具有独特性、是否具有很强的竞争力，以及双方长远的利益。但是作为公司利润的一个主要来源，为了能够从黄金客户身上获得更多的利润，小公司也可以对这类客户实施频繁营销策略，来促进黄金客户的产品购买量。另外，黄金客户在市场销售网络方面具有很强的竞争力，加大黄金客户的采购量并不会造成这类客户的库存，也不会影响到其业务的发展。所以，只要价格适当，产品具有很强的市场潜力，就完全可以增加公司产品的销量，带来更多利润。

铁质客户是指既具有很低的当前价值又具有很高潜在价值的客户。铁质客户在公司客户群中占有很大的比例，但是他们给公司所创造的当前价值并不高。虽然说铁质客户所创造的价值并不高，但是由于其具有很高的潜在价值，所以说也应该是小公司着重关注的对象。小公司只要运用适当的市场营销策略，就可以把铁质客户转化为公司的黄金客户，进而有可能发展成为自己的白金客户，为公司创造更大的价值。所以对待这类客户，小公司的关键工作就是努力帮助铁质客户成长，争取让他们早日转变为公司最具有价值的白金客户，促进公司的更大发展。

对于铁质客户，公司可以通过各种途径，保持与他们的密切接触，建立一种亲善的关系。例如给客户发送生日电子贺卡等，这些细微的动作看似与商业行为无关，但是可以在客户心中产生一种很好的"人情味"感觉，降低了因单纯的商业关系所导致的不信任，有利于给客户提供一种良好的心理感觉。所以小公司应该首先与他们建立一种双方信任的关系，当双方有了一定的合作基础后，有利的交易就会随之而来。

　　铅质客户一般是公司资源的消耗者，他们大多不会为公司带来较大的价值利益。所以，对这类客户的管理就要相对简单和容易得多。要么你选择不要这个客户，要么根据客户的不同来采取相应的策略。导致公司不盈利的原因有很多，比如供应商和客户之间的产品没有实现最佳配套。所以不能一味地认定是由于客户的原因导致了不盈利，而且不盈利可能是暂时的现象。所有的事物都处在运动变化之中，今天的"瘦狗"或许就是明天的"肥牛"。小公司要仔细去研究为什么这类铅质客户的当前价值和潜在价值都那么低，然后运用适当的策略去对待这类客户，争取能使铅质客户转化铁质客户，进而转变为黄金客户和白金客户，进一步扩大公司的利润来源，实现公司的快速发展。

　　最后需要注意的是，一切都处在变化之中，白金客户并不永远是白金客户，同样铅质客户也有可能转变为利润来源。因此，小公司需要定期进行客户分析，看是否出现新的进展、公司与每一类客户之间出现了什么新问题、客户的价值是否达到了公司的营销计划目标等。通过这一系列的客户分析，就可以及时找到与各类客户间存在的问题，并加以解决。同时根据客户类型的转变采取不同的营销策略，挖掘出更多潜在价值。

▼　奉行"客户永远正确"的信条

　　"客户永远正确"这句话是伴随着市场经济的迅速发展、客户需求日益凸显，由西方业界提出来的，是"客户就是上帝"的具体化。

　　"客户永远正确"这句话从字面意义上看显得绝对化，因为客户也是人，俗话说："人非圣贤，孰能无过"，客户在接受服务的过程中，也不可避免地会说错话、做错事，也就是说客户不可能"永远"是对的。但是，这里倡导的"客户永远正确"的服务思想，其内涵显然不是从具体的一时一事角度来界定的，而是从抽象意义角度来界定的。在公司为客户服务的过程中，公司是服务者，客户是被服务者，服务者为被服务者提供服务，自然应该以被服务者的需要和意志为转移。况且，这里所说的"客户"也不是指单个具体的人，而是把客户作为一个整体来看待。公司为整体的客户服务，不应该挑剔个别客户的个别不当言行，更不能因为个别客户的个别不当言行影响到公司对整体客户的根本看法。

　　在市场竞争日益激烈的今天，要想始终抓住客户的心，就必须解放思想、不断创新，敢于否定自我。海尔集团恰恰做到了这一点，也正是因为做到了这些，海尔集团的服务才得到了客户的最高评价，其销售和生产才提升到了一个新的高度。"一站到位""零距离服务""差别化服务""星级服务""海尔全程管家365"，海尔集团的全方位服务内容不断创新提升，也使得"客户永远正确""真诚到永远"的服务宗旨牢牢地根植于客户的心中。

　　海尔人信奉：世界上不一定有十全十美的产品，但能通过百分之百的服务让客户满意。"真诚到永远"是海尔宗旨，是靠海尔人的实际努力拼打出来的，是靠海尔人的诚心来打动客户的；"真诚到永远"不是靠口号喊出来的，而是依赖于海尔人成千上万次行动一点一滴地积累起来的承诺，是靠海尔人的辛勤付出换来的。

　　"诚"字怎样写？海尔集团的领导做了一个很好的解释：一个"言"字加一个成功的"成"字，就是"诚"，要让说出的承诺兑现，付诸实施，并要见成效。海尔集团以诚取信，以诚取胜，诚心诚意地尽自己所要尽的义务，诚心诚意地承担所承诺的责任。

海尔集团的高级经理们把服务问题当成"实事"问题来处理，也就是说服务是值得他们躬亲过问的问题。对外，他们真正把服务作为开拓市场的中心工作；对内，他们要把海尔集团在服务上的理念和内部发生的生动的服务故事传扬开去，激励和感染员工为客户奉献真诚。

海尔人有一个共识，即"客户是衣食父母"，只有不断给客户提供满意的产品和服务，客户才会给公司回报最好的效益，员工的收益才会水涨船高，因此，海尔人在服务中坚持"客户永远正确"的信条。当你走进海尔集团的售后服务中心，首先映入眼帘的就是"如果你满意，请告诉你的亲朋好友；如果你不满意，请你告诉总经理"，而海尔集团总经理的回答是"客户永远正确"。

有一次，售后服务中心接到一位客户来信，询问冷柜长时间不停机是怎么回事，但不知是一时疏忽还是对此事不太经意，该客户没有联系地址，只简单地写了"浮山"两字。遇到类似情况，一般公司的常规做法是等有了更详细的信息后再处理，而海尔集团售后服务中心的员工坚持"客户永远正确"服务宗旨，立即派人前往落实。一名服务人员带着客户的来信和维修工具来到浮山，在密密麻麻的住宅间，一个街道一个街道地打听，直到日落，才在户籍民警的帮助下找到了来信的客户。一检查，故障原来是因为客户未认真阅读说明书，冷冻食品太多所致。服务人员毫无怨言，耐心地向客户介绍了使用知识，直到客户满意为止。

服务机制的完善与否直接代表着公司体制的先进程度，服务环节的完善与否直接反映着公司的经营水平和经营能力。可以说，服务是公司全部经营活动的出发点和落脚点。服务决定消费，并由此决定生产，这是一个积极的双重因果循环关系。小公司要以海尔为榜样，坚持"客户永远正确"的营销服务宗旨，为客户提供细致、真诚、优质的服务，才能赢得客户的信任与青睐。

情感营销：情到深处自然销

一家小公司刚刚成立，老板兼业务员第一次拜访客户时，过程并不顺利，一个年轻的工程师很遗憾地告诉他："用电处马上要采购一批服务器，采用公开招标的形式，由于你们的公司以前没有来联系过，所以没有将你们公司列入投标名单。而且几天以前就截止发招标书了，得到标书的供应商们已经开始做投标书了，三天以后就是开标的时间。"工程师接着说："这是我们的第一次采购，以后还会招标，到时欢迎你们投标。"办公室里人来人往，工程师讲完之后，就回到座位去招呼其他人了。

老板离开客户的办公室，开始给当地IT圈的朋友打电话，了解这个项目的情况。朋友一听这个项目，就劝他不要做了，这个项目的软件开发商早已经选定了，不但软件已经开发完了，而且试点都做得很成功，这次招标就是例行程序。

可是倔强的老板决心不管怎样都要试试看，于是他想办法找到这个软件开发商的电话号码，打电话到开发商的总经理那里谈是否可能推荐自己的产品，开发商的总经理很客气地拒绝了他的要求："软件开发一直基于另一家公司的硬件，而且投标书已经写好了。"开发商的态度很明确，这次不行，欢迎来谈，以后可以合作。

走向成功的门似乎都被封死了。客户的招标书的截止日期已经过了，即使想办法拿到标书，关键的软件开发商又不肯支持，客户又一个都不认识，时间也很有限。况且要做出投标书，需要付出很大的代价，需要立即请工程师从北京飞过来并请工程师做报价、合同和一份高质量的投标书。如果这时老板放弃，其实没有人会责怪他。

但这位老板没有放弃，又再次来到了客户的办公室，来到工程师的办公桌前，希望工程师能够将招标书给他。工程师说："我这里没问题，但是你必须得到我领导的同意，领导在另外一个城市开会。"小公司的老板立即拨通客户领导的手机，结果领导说自己正在开会，让他晚一点打过来。

他不再有任何犹豫，果断地来到长途汽车站直接搭车赶往工程师领导所在的城市，下车后直奔他下榻的宾馆。这时已经是中午了，这位领导正在午休。他敲门进去自报家门，讲明希望领导能给自己一个机会。没有谁会愿意在午休的时间被人堵到房间里接受"强行"推销，领导脸上满是怒气。他一直不断道歉，向工程师的领导解释："我也知道这样不好，但我是特意从北京飞过来，而且我们的公司在这个领域非常有经验，对您的项目应该有所帮助。"精诚所至，金石为开，领导原谅了他，同意给他一次机会。

他开始马不停蹄地进行下面的工作。于是，他请求负责写标书的工程师第二天飞过来。他的想法是死马当活马医，输了也没关系，下次投标的时候至少可以混个脸熟。但投标书一定要做得完美，即使输了，也要输得漂亮，至少自己积极主动地争取过了。

这时留给他们的时间已经不充裕了，他们安排好了分工以后，开始行动。三天以后，他们终于将三本漂漂亮亮的投标书交到电力局。为了能够赢得这个订单，他们开出了可以承受的最低价格。开标那天，所有的厂家都聚到客户的会议室，投标就在这里进行。其他的项目很快就定了，但讨论这个项目的时间很长，他们一直等到晚上。终于，客户宣布他们中标。

从上述案例可以看出，积极的态度对产品的推销、订单的签订至关重要。成功的销售员最大的共同之处，可以用一个词概括，那就是"态度"，销售员对工作、对产品、对客户热情积极的态度。因为积极主动，所以在任何不利的形势下，在面对失败和挫折时，都竭尽所能地努力，试图寻找它所带来的有利的一面，并且投入大量的时间、精力和热情。一旦你在这个过程中积极努力了，你会因为完成了目标而得到回报。你的回报也许是随着一次成功的销售而来的成就感，也许是一张提成丰厚的支票，也许就是公司的生存命脉。

成功营销的第一步是积极有效地引导客户。在最短的时间内，使客户将注意力集中到你的产品、服务或促销上，这是营销取胜的关键。而要实现这一点，唯一的方法就是为客户提供最热情的服务，让客户发自内心地感动。

在公司的营销活动中，小公司的管理者要大力倡导情感营销，要想方设法为客户提供热情周到的服务。不仅如此，还要启发销售人员以热情的态度与客户沟通，在与客户的言语沟通中热忱耐心地引导客户，让客户不自觉地受到你的影响和感染，要感染客户对公司的产品、服务产生兴趣和信心，引导客户产生购买需求。在整个营销过程中，用积极的心态和行动引导需求、创造需求、满足需求，是赢得订单的一大诀窍。因为只要创造了需求，你就创造了机会。

▶ 不做一锤子买卖，做好跟踪服务

大家都知道重视客户、理解客户是公司成功的基础。在服务制胜的今天，任何公司都不能忽视客户。在技术、资源、产品和管理逐渐走向统一，很难保持鲜明特色之时，客户服务和客户管理就是各公司克敌制胜的新的"杀手锏"。小公司在市场上处于弱势地位，因此更要重视客户服务工作，以热情的、独到的、创新的服务与大公司争夺客户、争夺市场。

而客户跟踪服务，是客户服务的一个重要环节，目的在于将目前客户变成忠诚客户，即通过一系列完善的跟踪服务体系，最大限度地提升客户的满意度，从而拥有稳定的忠诚客户资源，最大限度地发挥公司的竞争优势。

人们在提到华北石油管理局器材供应处保定转运站石粉厂的时候，往往会谈到两个问题：一是说它名气太小，小到连与其为邻的华北局的许多单位都不知道保定转运站还有一个石粉厂；二是说这样一个不起眼的小厂，从2005年到2007年第一季度，重晶石粉销量居然达到4.4万吨，产品不仅在中国石油公司内部享有很高声誉，还有9150吨出口到哈萨克斯坦、委内瑞拉、南非等国家。许多人不禁要问：小厂为何能有大作为？

确保质量是首先要做到的，因为这个厂的产品质量始终保持稳定状态，使产品质量得到了越来越多客户的认同，成为他们心目中的放心产品、信得过产品，信誉好自然效益好。除此之外，另一个重要原钻井单位的重晶石粉顺利启运，然而，当料车到达目的地后，验货人员发现，由于装车时雇用的临时工不知道情况，错把40余袋经过雨淋的重晶石粉装进了这批运输车中。一般来讲，如果不是急用，雨淋的重晶石粉经晾晒后，不会影响其性能。但他们不仅将所有的雨淋重晶石粉悉数追回，而且补足了同等数量的合格产品，还把追回的雨淋石粉全部当作废料处理。

对这样的处理措施，厂长这样解释："在许多人的眼里，卖出去的产品就如泼出去的水，不可能再收回。这种一锤子买卖的做法其实早已不合时宜，当今市场竞争的最大特点是服务没有止境，售前要求产品质量一流，售后服务更要细致周到。只有这样，才可以赢得客户、赢得市场。"

按照这位负责人的服务理念，该厂将"优质服务当作公司永恒的追求"，制定了客户回访制度，设立了客户投诉记录和客户回访记录。按照这些制度要求，厂领导每个月都要带队到各个相关的钻井公司、供应站、泥浆站进行产品质量回访，听取客户的意见和建议。根据回访得到的意见和建议，这个厂对产品制作技术、检测手段、管理方法、售后服务等进行系统而科学的改进。由此，不但巩固了老客户，而且还促使这些客户成为这个厂的产品义务宣传员。这家工厂出口到哈萨克斯坦、委内瑞拉、南非等国家的9150吨重晶石粉，没有经过工厂任何人的刻意推销，而是客户从老客户那里听到夸奖后主动与这个厂联系购买的。

为了确保公司的长期发展及信用度，我们应追求最完美的售后服务。对于小公司来说，短期内难以建立起自己的品牌，人们往往只相信那些大品牌，对小公司的产品质量、信誉难免会多一分猜疑。所以为了能让客户满意、相信自己的实力，小公司就应当从"售后跟踪服务"这块入手，更快、更准地抓住客户信息资源。

如何开展售后跟踪服务呢？具体做法主要包括：

建立公司的客户信息数据库，通过及时向他们提供和反馈公司产品信息，提供一系列服务，与客户保持长期的感情联系。而跟踪服务方式包括邮寄、传真、电话、短信等，我们可以借助立体的跟踪服务，与客户保持长期、紧密的关系。

"售后服务"是公司的第三利润来源，蕴藏着巨大的商机。它可以为公司将来的客户来源及公司的品牌形象起到广告宣传的作用。而售后跟踪服务，就是利用客户这一资源对公司长期发展建立平台，在保证客户不流失的基础上，争取让他们带来更多客户。如何将售后跟踪服务开展得如火如荼，是小公司管理者需要深入思考和解决的问题。

第九章

网络运营术：
分享电商时代的财富红利

　　网络信息技术的迅猛发展和移动智能的不断更新迭代，给所有的公司带来了前所未有的发展前景。在汹涌澎湃的电子商务浪潮中，小公司该如何升级自己的营销思维？如何发掘并运用各种网络营销技巧？怎样将线上营销和线下营销完美地结合在一起？如何在网络经济时代分得更多的红利？

　　逆水行舟，不进则退。小公司要与时俱进，把网络营销和电子商务纳入公司营销活动的重要一环，同大公司抢占营销制高点，开辟自己的营销新阵地，实现利润的爆炸式增长。

▼ 小公司要搭乘网络营销的快车

网络营销是以国际互联网络为基础，利用数字化的信息和网络媒体的交互性来辅助实现营销目标的一种新型的市场营销方式。

网络营销产生于20世纪90年代，90年代互联网媒体以新的方式、方法和理念，通过一系列网络营销策划、制定和实施营销活动，从而更有效地促成交易。

网络营销为现代公司开辟了营销的新纪元。网络营销首先是市场营销的互联网替代了报刊、邮件、电话、电视等中介媒体，其实质是利用互联网对产品的售前、售中、售后各环节进行跟踪服务，它自始至终贯穿在公司经营的全过程中，包括寻找新客户、服务老客户，是公司以现代营销理论为基础，利用互联网技术和功能，最大限度地满足客户需求，以达到开拓市场、增加盈利的目的。它是市场营销的最新形式，是由互联网客户、市场调查、客户分析、产品开发、销售策略、反馈信息等环节组成的。

网络营销不等于网上销售。网络营销是为最终实现产品销售、提升品牌形象而进行的活动，网上销售是网络营销发展到一定阶段产生的结果，但这并不是结果，因此网络营销本身并不等于网上销售。网络营销是进行产品或者品牌的深度曝光。

网络营销也不等于电子商务。网络营销和电子商务是一对紧密相关又具明显区别的概念，两者很容易造成混淆。电子商务的内涵很广，其核心是电子化交易，电子商务强调的是交易方式和交易过程的各个环节。网络营销是公司整体战略的一个组成部分。网络营销本身并不是一个完整的商业交易过程，而是为促成电子化交易提供支持，因此是电子商务中的一个重要环节，尤其是在交易发生前，网络营销发挥着主要的信息传递作用。

网络营销作为一种全新的营销方式，与传统营销方式相比具有明显的优势：

（1）网络媒介具有传播范围广、速度快、无时间地域限制、无版面约束、内容详尽、多媒体传送、形象生动、双向交流、反馈迅速等特点，有利于提高公司营销信息传播的效率，增强公司营销信息传播的效果，降低公司营销信息传播的成本。

（2）网络营销无店面租金成本，且可实现产品直销，能帮助公司减轻库存压力，降低经营成本。

（3）国际互联网覆盖全球市场，通过它，公司可快捷地进入任何市场。尤其是世贸组织第二次部长会议决定在下次部长会议之前不对网络贸易征收关税，网络营销更为公司开通了一条通向国际市场的绿色通道。

（4）在网上，任何公司都不受自身规模的限制，都能平等地获取世界各地的信息及平等地展示自己，这为中小公司创造了一个极好的发展空间。利用互联网，中小公司只需花极少的成本，就可以迅速建立起自己的全球信息网和贸易网，将产品信息迅速传递到以前只有财力雄厚的大公司才能接触的市场中去，平等地与大公司进行竞争。从这个角度看，网络营销为刚刚起步且面临强大竞争对手的中小公司提供了一个强有力的竞争武器。

（5）网络营销能使客户拥有比传统营销更大的选择自由。客户可以根据自己的特点和需求在全球范围内不受地域、时间限制，快速地寻找产品，并进行充分比较，有利于节省客户的交易时间与交易成本。此外，互联网还可以帮助公司实现与客户的一对一沟通，便于公司针对客户的个别需要，提供一对一的个性化服务。

当然，万物各有所长，也各有其短。作为新兴营销方式，网络营销具有强大的生命力，但也存在某些不足。例如，网络营销尤其是网络分销无法满足客户个人社交的心理需要；无法使客户以购物过程来显示自身社会地位、成就或支付能力等。尽管如此，网络营销作为21世纪的营销新方式仍然势不可当，成为全球公司竞争的锐利武器。

小公司管理者应当与时俱进，升级营销思维，研究网络营销的各种模式及其他营销战术，将网络营销作为公司未来市场营销的前沿阵地，以开辟更加广阔的市场，实现公司利润的爆炸式增长。

▶ 小公司网络营销外包怎么做

随着互联网的迅猛发展，网络营销已经成为一个巨大的、拥有无限潜能的营销市场。互联网络营销具有移动性、互动性、虚拟性、私人性、全球性和永恒发展六大特点，这六个特点使传统的营销方式相形见绌。因此，无论大公司还是小公司，都要把网络营销重视起来。但是网络营销需要投入金钱、时间资源、人力，与大公司相比，小公司在这些资源上明显处于劣势，该怎么去做网络营销呢？

网络营销外包对于小公司来说可能是一个比较好的选择。市场上有一些专业的网络营销外包顾问或者网络营销外包公司，他们会在充分分析企业现状、产品特点和行业特征，以及深入研究互联网上的各种媒体资源，熟悉网络营销的各种产品方法的基础上，从企业的实际情况出发，根据不同的网络营销平台、产品和方法的优缺利弊，进行整体营销策划、综合选择，利用各种网络资源为企业提供符合企业自身、性价比高、目标定位精准的个性化全程全网整合网络营销解决方案。而小公司就可以专注于核心业务，避免被网络营销分去太多精力。

一般来说，市场上有三种网络营销外包公司：

一是培训式。顾名思义，即外包公司会为小公司提供网络营销人才的培训服务——通过培训，教导企业网络营销知识，而不是组建团队帮助企业运营。这种模式有缺点也有优点，缺点是公司在网络营销方面开支较大，一方面要承担高额的培训费用，另一方面还需要聘用人才组建营销团队；优点则是去除了对外包公司的依赖，逐渐积累起自身的营销资源。

二是任务式。所谓任务式网络营销外包，就是小公司对营销外包公司发布营销任务，外包公司会根据任务难度报价。这种方式也有利弊，好处是小公司方便省力，可以控制营销规模；坏处是无法确定营销效果。

三是效果式。也就是以效果为导向的营销外包公司，这种网络营销外包方式应该说是真正落地有效果的，但通常合作价格会比较高。

小公司可以根据自身情况，确定合适的网络营销外包形式。

需要注意的是，有了网络营销外包并不是说小公司就可以完全不做网络营销了，网络营销花样繁多，很多营销甚至不需要花费成本。小公司也应该全员行动起来，利用可行的方式做营销，扩大企业营销或者推广产品。

▶ 博客营销：博尽客户的眼球

博客是网站应用的一种新方式，它是一个网站，它为每一个人提供了一个信息发布、知识交流的传播平台，博客使用者可以很方便地用文字、链接、影音、图片建立起个性化的网络世界。

中国酒业巨头五粮液集团葡萄酒公司大胆地尝试了博客体验式营销。他们与国内最大的专业博客传播平台——博啦网合作，通过该平台在博客红酒爱好者中组织了一次大规模的红酒新产品体验主题活动。活动上线后短短几天报名参加体验活动的人数就突破了6000多人，最终五粮液葡萄酒公司在其中挑选了来自全国各地的500名知名的博客红酒爱好者参加了此次活动，分别寄送了公司的新产品国邑干红以供博客品尝。博客们体验完新产品后，纷纷在其博客上发表了对五粮液国邑干红的口味感受和评价，迅速在博客圈内引发了一股关于五粮液国邑干红的评价热潮，得到了业界的普遍关注。

五粮液葡萄酒公司通过此次活动受益匪浅，不仅产品得到大家的认可，品牌得到了大幅度提升，而且还实实在在地促进了产品销售。许多参加活动的博客表示五粮液新产品确实口感不错，以后他们自己也会去购买五粮液国邑干红。

五粮液葡萄酒公司负责人认为，通过让博客真实品尝国邑干红葡萄酒，不仅能在第一时间获得客户体验的第一手资料，而且通过博客体验进行的口碑传播，更能使红酒品牌得到广泛的传播，激发客户的购买欲望，培育忠实客户群体，博客体验不失为一种十分有效的营销方式。获得品尝国邑干红葡萄酒机会的博客纷纷表示这样的体验方式很好，不仅可以优先免费获得最新产品的体验机会，而且整个主题活动和产品本身具备的文化韵味可以更好地唤起人们心中的情感记录，很能让人产生共鸣。

由此可以看出，众口相传的博客营销是最有效的网络营销方式之一。与传统方式的口碑传播相比，基于互联网的博客营销，在传播速度和传播范围上已发生了质的飞跃，因而广告效果也是成倍增加，而以博客为载体的博客营销则更具备了受众精准和高信任度传播的特点，在提升公司品牌的同时，也更易于激发销售行为。

由于博客作为一种营销信息工具，发挥的是网络营销信息传递的作用。因此，其网络营销价值主要体现在公司可以用更加自主、灵活、有效和低投入的方式发布公司的营销信息，直接实现公司信息发布的目的，降低营销费用，实现自主发布信息。具体来说，博客营销具有如下的优点：

1. 博客可以直接带来潜在客户

博客内容发布在博客托管网站上，这些网站往往拥有大量的客户群体，有价值的博客内容会吸引大量潜在客户浏览，从而达到向潜在客户传递营销信息的目的。用这种方式开展网络营销，是博客营销的基本形式，也是博客营销最直接的价值表现。

2. 博客营销的价值体现在降低网站推广费用方面

网站推广是公司网络营销工作的基本内容，大量的公司网站建成之后都缺乏有效的推广措施，因而网站访问量过低，降低了网站的实际价值。通过博客的方式，在博客内容中适当加入公司网站的信息（如某项热门产品的链接、在线优惠下载网址链接等）达到网站推广的目的。这样的"博客推广"也是降低成本的网站推广方法，降低了一般付费推广的费用，或者在不增加网站推广费用的情况下，提升了网站的访问量。

3. 博客文章内容为客户通过搜索引擎获取信息提供了机会

多渠道信息传递是网络营销取得成效的保证，通过博客文章可以增加客户通过搜索引擎发现公司信息的机会。其主要原因在于：一般来说，访问量较大的博客网站比一般公司网站的搜索引擎性能要好，客户可以比较方便地通过搜索引擎发现这些公司博客内容。

博客营销的价值是显而易见的。对于小公司而言，又该如何开展博客营销呢？总结如下：

形式越简单越好，使用方法越容易越好（客户吸取信息速度就会加快）；重点放在内容上，内容越专业越受欢迎；深度和广度的信息绝对有价值；在定位确立后，先广后深地进行内容扩张；依托传统媒体，挖掘可靠信息来源；展开相同主题博客的交互联系，及时更新；提供免费的下载或专业化的使用信息；摆出重量级阵容；同时适时地制造话题，对潮流趋势迅速回应；技术共享，思想共享；坚持原则，保持个性风格；保持相对领先，不追求尽善尽美；擅用说书或故事的技巧，创造互动的交流机会；从博客者每一个人身上寻求源信息或作契机；借助较有名气的博客换链接；自己也先人一步为他人链接，以示友好。

▚ 微博营销：让产品渗透每一个角落

随着微博的异军突起，这种信息交流方式不仅改变了人际互动方式，还形成一股强劲之力，催生了新的商业模式，改变了品牌与客户的沟通形式，重新重塑了行业行销环境。微博的火热，催生了与之相关的营销方式，就是微博营销。

微博营销，是指通过微博平台为公司创造价值而执行的一种营销方式，也指商家通过微博平台发现并满足客户的各类需求的商业行为方式。微博营销以微博作为营销平台，每一个听众（粉丝）都是潜在的营销对象，公司利用更新自己的微博内容向网友传播公司信息、产品信息，树立良好的公司形象和品牌形象，最终达到扩大产品销量，提高经营效益的目的。

运用微博进行营销推广具有以下显著的四大优势：

1. 即时性强：让信息高速飞驰

一条关注度较高的微博发出后，短时间内就能被转发至世界的每一个角落，这种高速传播恐怕任何传统媒体都难以做到。从前，如果你有一件惊天大事要宣布，召开新闻发布会似乎是不二之选。但在互联网如此发达的今天，你只要把这个消息放在微博上发布，立刻就能引来大量关注，记者也会闻风而动，主动来采访报道。

2. 传播力强：信息呈网状扩散

微博简单方便的操作流程让客户随时随地都能发布信息，基本不受周围环境的影响。而微博的传播方式犹如原子核裂变一般，由一个人传给一圈人，由一圈人传给一群人，如滚雪球般瞬间裹挟大量人群，其传播威力可想而知。微博营销的交流方式看似随意，其实客户渗透率更高，传播影响力也更大，这样产生的潜移默化的影响效果要比直白的广告攻势更加明显。

3. 精准度高：直击市场最前线

公司可以关注有潜在消费力的微博客户，观察他们感兴趣的活动和话题。同时，公司在微博上保持活跃，也能引来对产品感兴趣的客户的关注。这两部分人都是公司最直接的目标客户，与他们在线沟通就是接触到了市场第一线。所以，无论公司是通过微博搜集市场反馈，还是品牌传播，面对的都是更加精准的消费群体。

4. 亲和度高：微博是你的笑脸

微博上的交流最好是温情、有趣、生活化的。通过片段式、随机性的发言，不仅可以进行各种公司宣传，也可以对社会热点发表看法，提供售后服务等，尽可能为客户提供帮助，给客户良好的感觉。微博营销某种程度上淡化了公司的商业形象，让公司以倾听者的姿态亲近客户，从而为彼此搭建了一种沟通的桥梁。

公司可在人气较旺的微博网站同时开博，比如新浪、腾讯、搜狐、网易等，每一则消息在所有微博都发一遍，可以大大提高传播效率，摊薄经管成本。百度2011年推出了微博应用，即客户可通过百度搜索框直接发布微博信息，支持腾讯、搜狐、网易微博，不用一一登录，对于公司微博来说非常方便高效。

公司内部可以通过几下方法开通多个微博账号：公司名称注册公司官方微博，发布官方信息，链接到官方网站；公司领袖个人建立微博，对外凸显领袖个人魅力；以市场为中心建立市场微博，组织市场活动，打破地域人数的限制，实现互动营销；主要产品创建产品微博，发布产品资料，向客户提供技术支持，充当产品客服；专业技术人员用个人名义创建微博，发布行业技术方案及行业动态评论，逐步成为行业的"意见领袖"；客服人员建立客服微博，通过微博与客户进行实时沟通和互动，缩短公司对客户需求的响应时间，在互动中提升公司服务品质。

公司在注册自己的微博账号后，可以每天更新内容跟网友交流互动，或者发布网友感兴趣的话题，以此吸引网友关注自己的微博，增加微博人气和热度，达到营销的目的。微博热度是长期经营的结果，下面再介绍几个能为公司微博带来人气的重要细节。

（1）定时、大量地发布公司微博是最好的一种方式。大量发布内容可在一段时间内占据关注者的微博首页，不会被快速湮没。但此举一定要保证微博质量，在质量和数量的选择上一定要质量为先。一个满是垃圾内容的公司微博，不仅达不到传播目的，还可能被不胜其烦的粉丝删除掉，或压根就不会有人关注你。

（2）在信息发布的时间点方面需要注意，公司微博不能是常规的8小时工作制。合理的时间点应该是三个微博客户活跃高峰时段：9：00～10：00、16：00～18：00、21：00～24：00。因为这个时候登录微博的客户最多。急切的信息要马上发布，重要但不是急切的，可以选择峰值时间发布，能收到更好的效果。

（3）发布公司信息要注意140字的限制，要避免长篇大论，最好在一条微博内说完。否则，由于很多微博的技术特点，会将整篇微博分批发出，可能出现文字断层，会丢失掉一些重要内容，从而让读者误读。在需要发布较长的内容时，微博管理者可以在微博上发布有详细内容文章的链接，并将核心要点提炼以微博形式发出。

小公司由于在规模、财力、物力、人力等各方面的劣势，无法承受电视广告、纸媒营销等大规模高成本的大众营销活动，应当将微博营销作为公司未来营销的重点发展方向，在微博帝国里开拓出一片属于自己的财富沃土。

▶ 手机营销：挖掘手机里的金矿

手机营销，是以手机工具为视听终端、上网为平台的个性化信息传播为媒介，以分众为传播目标，定向为传播效果，互动为传播应用的大众传播媒介手机为基础的营销模式。

现在一个普通的智能手机通常具有以下功能：打电话、收发短信、收发电子邮件、编辑文档、即时通信、视频通话、作为U盘、录音机、MP3（随身听）、照相机、摄像机、收音机、电视机、手电筒、镜子（前置摄像头的功能）、导航、指南针、电脑功能、电子书、杂志、电子相册、卡拉OK、地图、计算器、电子钱包、网上购物等。

智能手机首次成为继台式电脑之后的又一大上网终端。智能手机的普及聚集了数量庞大的客户，同时也带动了各行各业的商家对移动终端的重视和追捧，越来越多的商家开始把移动终端的应用作为一种重要的营销渠道。

运用智能手机进行电商营销，有以下几方面的优势：

1. 智能手机是一部"可移动、可视频的电话"

智能手机可以通过WiFi免费享受上网服务（WiFi是一种可以将个人电脑、手持设备，如Pad、手机等终端以无线方式互相连接的技术，事实上它是一个高频无线电信号）。而有了上网功能，智能手机就可以通过下载相关应用软件，比如微信进行语音或是视频聊天。这样不仅实现了面对面通话，而且通信费用被大大降低。

智能手机的这一功能对于网络营销最重要的意义在于，打破了传统互联网营销文字沟通的呆板和机械，使得买卖双方语音交易得到实现，更利于交易的达成。

2. 智能手机是一部"掌上电脑"

随着科技的不断发展，智能手机越来越像一部"掌上电脑"了。现在除了可以用手机看书、玩游戏、看视频、浏览图片、听音乐，还可以用手机上网搜索信息，浏览网页，甚至可以用手机在网上下订单，网上支付等，可以说一切可以在台式电脑或笔记本上实现的功能，在智能手机上都可以得到实现。

3. 智能手机是一部播放机、阅读器

随着智能手机越来越普及，手机的功能可以被大大地扩充，特别是播放和阅读功能。这使很多的智能手机客户习惯于用手机下载各种文字资料、电子书，或是各种视频、微电影、电视剧、电影等，如此一来，之前只能在电视或台式电脑上推送广告的商家，就能通过手机播放和阅读功能来推送广告，从而让客户随时随地可以看到公司的宣传或促销活动，随时促成买卖的达成。

4. 智能手机是一张"智能名片"

现在社会人脉关系越来越广泛，人与人交往都需要互换名片，而有了智能手机之后，通过下载一些即时聊天软件，每个人都可以在注册账号时输入自己想要别人知道的自己的信息，或是上传自认为不错的照片作为自己的头像。同时也能够通过查看对方资料来了解对方的相关信息。有时通过朋友圈互相分享一下圈内朋友信息，一个人的资料就能发送给圈里的所有人。如此一来，智能手机就成了一张"智能名片"，只要联网就能与更多的人交流相识，做生意。

智能手机由于携带方便（可移动），打破了传统网上交易对时间和地理位置的限制，使交易可以随时随地进行，智能手机营销已成为一种可行的赚钱方式。小公司应充分利用这一新型消费工具，建立庞大的客户资源，用最低的成本获得最大的利润。

微信营销：小微信，大财富

微信营销对公司来说是一个新机会和新体验，随着微信的日益普及，其客户数量不断飙升，庞大的客户群为商家们提供了新的商机。微购物店铺、微信商城陆续兴起，使微信营销异常火爆，越来越多的公司正在准备搭建自己的微购物平台。微信营销已经成为一种趋势。

微信营销主要体现在以安卓系统、苹果系统的手机或者平板电脑中的移动客户端进行的区域定位营销，商家通过微信公众平台，结合微信会员管理系统展示商家微官网、微会员、微推送、微支付、微活动，已经形成了一种主流的线上线下微信互动营销方式。

微信一对一的互动交流方式具有良好的互动性，在精准推送信息的同时更能形成一种朋友关系。基于微信的种种优势，借助微信平台开展客户服务营销，成为继微博之后的又一新兴营销渠道。

微信营销具有以下几大优势：

1. 点对点精准营销

微信拥有庞大的客户群，借助移动终端、天然的社交和位置定位等优势，每个信息都是可以推送的，能够让每个个体都有机会接收到这个信息，继而帮助商家实现点对点精准化营销。

2. 形式灵活多样

漂流瓶：客户可以发布语音或者文字然后投入大海中，如果有其他客户

"捞"到则可以展开对话，如招商银行的"爱心漂流瓶"客户互动活动就是个典型案例。

位置签名：商家可以利用"客户签名档"这个免费的广告位为自己做宣传，附近的微信客户就能看到商家的信息，如饿的神、K5便利店等就采用了微信签名档的营销方式。

二维码：客户可以通过扫描识别二维码身份来添加朋友、关注公司账号；公司则可以设定自己品牌的二维码，用折扣和优惠来吸引客户关注，开拓O2O的营销模式。

开放平台：通过微信开放平台，应用开发者可以接入第三方应用，还可以将应用的logo放入微信附件栏，使客户可以方便地在会话中调用第三方应用进行内容选择与分享。例如，美丽说的客户可以将自己在美丽说中的内容分享到微信中，可以使一件美丽说的产品得到不断的传播，进而实现口碑营销。

公众平台：在微信公众平台上，每个人都可以用一个QQ号码，打造自己的微信公众账号，并在微信平台上实现和特定群体的文字、图片、语音的全方位沟通和互动。

3. 强关系的机遇

微信的点对点产品形态注定了其能够通过互动的形式将普通关系发展成强关系，从而产生更大的价值。通过互动的形式与客户建立联系，互动就是聊天，可以解答疑惑、可以讲故事甚至可以"卖萌"，用一切形式让公司与客户形成朋友的关系，你不会相信陌生人，但是会信任你的"朋友"。

微信营销对小公司来说是一个新机会和新体验，但微信营销需要注意一些相关问题，否则将会影响公司的声誉，给公司带来潜在的危机和损失。以下是微信营销需要把握的几大基本原则，也是常用的方法。

1. 诚信原则：成也微信，败也微信

有些不讲诚信的公司做营销就是打一枪换一个地方，论坛里有客户投诉

就改做微博，微博被曝出丑闻就转战微信……殊不知，在移动互联网时代，所有圈子基本都是连接在一起的。那些不讲诚信的公司往往才开通微信公众账号，就被以前的客户找上门来。同时，即使过去没有产品质量缺陷丑闻，但微信在熟人间快速传播的特性也会使服务问题产生的一点儿后果被迅速放大。因此，微信营销的一个重要原则就是：守诚信，并且始终如一。

2．互动原则：亲近客户，打造活力品牌

微信本质上是一个朋友即时沟通的通信工具，所以公司在做微信营销时也要坚持互动原则，人与人之间情感的建立靠的就是持续不断的互动。没有互动，你就算有再多好友，那也只是无用的数字而已。要知道，愿意在微信上关注你的人，必定是对你提供的东西（资讯、产品、服务等）感兴趣，那你要做的就是不断通过互动来强化他们的这种认识。最好的方法就是让微信公众账号的管理人员用亲民、有趣的方式逐步建立一个活力、有创意的品牌形象。当公司从一个冷冰冰的商标变成一个他们生活里必不可少的好朋友，你的营销就成功了一大半。

3．回馈原则：实惠换来忠诚

面对那些已经购买了公司产品的客户，你的公司应当做出及时的感谢，包括感谢信息推送、电子优惠券赠送等，让客户切实感受到你的诚意。实惠换来忠诚，那些愿意为你重复消费的老客户才是营销性价比最高的群体。同时，这种回馈也可以嵌入一些宣传的元素，如在赠送的电子优惠券上附加"分享给5个微信好友，他们也将获得同等优惠"等信息，即让那些感觉得了实惠的客户得到一个将这种实惠分享给好友的机会，稳固了老客户，也发掘了新客户。

微信营销不同于以往的互联网营销，由于它定位于高质量的目标客户，所以需要系统准备与长期经营，也正因此，其营销价值并不在于短期销售业绩的提升，而在于公司、品牌的长期发展。小公司可通过收集微信后台数

据，判断出目标客户群的消费行为以及核心聚集点。依此数据为客户提供最想购买的产品，为公司的生产提供方向。

搜索引擎营销：小公司营销新引擎

搜索引擎销售即Search Engine Marketing（SEM）。搜索引擎营销的基本思路就是通过让客户用搜索引擎搜索发现信息，点击进入公司网站进一步了解其所需要的信息，进而实现公司营销的目的。

搜索引擎营销的实质就是通过搜索引擎工具，向客户传递他所关注对象的营销信息。相较于其他网络营销方法，它有以下特点：

1. 客户主动创造了被营销的机会

搜索引擎营销和其他网络营销方法最主要的不同点在于，这种方法是客户主动创造了营销机会，为什么这样讲？以关键字广告为例，它平时在搜索引擎工具上并不存在，只有当客户输入了关键字，进行查找，才在关键字搜索结果旁边出现，虽然广告内容不是由客户所决定的，但给人的感觉就是客户自己创造了被营销机会，客户主动加入了这一过程，这也是为什么搜索引擎营销比其他网络营销方法效果更好的原因。

2. 搜索引擎方法操作简单、方便

搜索引擎操作简单、方便主要表现在以下几个方面：

（1）登录简单。如果搜索引擎是分类目录，公司想在此搜索引擎登录，那么只需工作人员按照相应说明填写即可，无须动用专业技术人员或营销策划人员，纯技术的全文检索则不存在登录的问题。

（2）计费简单。以关键字广告为例，它采用的计费方式是CPC（cost—per click），区别于传统广告形式，它根据点击的次数来收费，价格便宜，并可以设定最高消费（防止恶意点击）。

（3）分析统计简单。一旦公司和搜索引擎发生了业务联系，搜索引擎便向公司提供一个接口，通过这个接口，公司可以很方便地知道自己每天的点击量，这样有利于公司分析营销效果，优化营销方式。

搜索引擎营销的主要推广方式是搜索引擎推广，搜索引擎推广的形式包括搜索引擎优化、关键词广告、竞价排名、固定排名、基于内容定位的广告等多种形式。

当今社会，互联网在经济生活中扮演着越来越重要的角色，电子商务概念日渐深入人心，很多公司也逐渐意识到网络对于自身发展的重要性。越来越多的公司尝试在互联网上建立自己的网站，希望借助网络的力量助公司发展一臂之力。

然而，网站做好了，并不等于就可以撒手去做电子商务了。要知道网站只是一个平台，如果没有推广，网站的知名度就打不出去，希望网民通过自己搜索找到公司的网站实在有些困难。据统计，目前世界上网站总数已经超过了4000万，一个公司如何让客户在浩如烟海的信息世界里找到自己？如何让公司的信息让更多的人关注和了解？如何将潜在的客户转化为公司的忠实粉丝？网站如何才能被更多的人访问，尤其是被自己的潜在客户浏览呢？要实现这一目标，公司除了做超级链接，还要做搜索引擎优化。

搜索引擎优化，就是通过对网站的框架结构、网页呈现的内容、网页代码的优化处理让整个网站的模式处在搜索引擎相对支持、客户相对关注的友好状态下，让网站和网页内容更加容易被寻找到，从而自然提高网站在网络群中的排名。并且它在带来潜在客户流量的情况下是不需要向搜索引擎提供方支付任何费用的，仅仅需要在建设和维护的过程中支付所聘请的专家顾问劳务费用和相应的技术设计人员的再学习费用，这样的成本是相对低廉的。相比较于按点击付费的竞价排名、网络广告来讲，它没有长期的费用困扰。虽然公司网站本身的优化在周期上可能相对会显得冗长一些，但从长远来说，其所花的费用还是比较低的，因而搜索引擎优化是一种相对理想的网络搜索引擎营销模式。

小公司在做搜索引擎营销之前要搞清楚：自己的服务群体是什么样的？这些群体是否会经常上网搜索来获取信息？他们使用搜索引擎的频率有多大？他们有什么需求？他们对公司的产品有什么疑问？如何与他们做好沟通？要为他们提供哪些服务？等等。在搞清这些问题之后，再根据公司的经营计划进行搜索引擎营销，做好搜索引擎优化工作。

概括来说，搜索引擎营销的技巧主要包括以下几点：

（1）通过工具，查找、整理需要推广的关键词。

（2）通过百度指数，整理出竞争激烈和竞争不激烈的关键词，竞争激烈的可以考虑百度竞价。

（3）排名，竞争不激烈的可以考虑SEO，也就是搜索营销。

（4）寻找网络营销公司，调整网站架构，优化网站，设置已经选择好的关键词。

（5）围绕设置的关键词，定期发布原创文章。

（6）分析网站流量，监控搜索营销每个关键词的流量情况，并不断调整。

目前国内提供搜索引擎服务的公司主要有百度、雅虎、搜狗。经过多年的发展，百度搜索引擎业务已经非常成熟，现已占领中文搜索引擎市场80％的份额，已成为全球第二大独立搜索引擎商，在中文搜索引擎中位于第一。小公司要做搜索引擎营销，首选的应当是百度。

从当前的发展趋势来看，搜索引擎在互联网营销中的地位依然重要，并且受到越来越多公司的认可，搜索引擎营销的方式也在不断发展演变，因此小公司应根据环境的变化选择搜索引擎营销的合适方式。

▌ O2O营销：全面打通线上线下

O2O营销模式又称离线商务模式，是指通过将线上虚拟世界（Online）和线下现实世界（Offline）进行互动，以线上营销和线上购买带动线下经营和线下消费。有了这个营销模式，线上线下之间将不再存在障碍。

O2O的本质是传统营销方式借助"电子"，借助"互联网"的力量升级。O2O通过打折、提供信息、服务预订等方式，把线下商店的消息推送给互联网客户，从而将他们转换为自己的线下客户。鉴于其特有的便利性和优越性，O2O营销模式已经成了移动互联网时代备受关注的营销新宠。

下面先介绍四种常见的O2O模式：

1. Online to Offline

即线上交易到线下消费体验产品或服务。这个模式比较常见，团购就是其应用中最典型的一种。客户在网上发现产品并完成支付，最后去线下实体店体验产品和服务。

2. Offline to Online

即线下营销到线上完成产品交易。这个模式在日韩流行得比较早，公司通过在线下做营销（实体店提供优惠二维码扫描等）在线上实现交易。像1号店这种网上零食商城就曾采用过类似营销手段。

3. Offline to Online to Offline

即线下营销到线上产品交易，再到线下体验产品或服务。这种模式看似复杂，却是中国人接触的最早的O2O模式。如中国移动搞的"预存话费送金龙鱼油"的活动，就是在线下进行营销，然后到线上进行支付，最后到线下领取赠品的活动。

4. Online to Offline to Online

即线上交易或营销，到线下消费体验产品或服务，再到线上交易或营销。这种模式比较复杂，应用的范围也不够广泛，但对特定的公司或产品有较好的营销效果。

O2O营销的基本策略如下：

1. 完善线下产品服务

O2O营销的重点还是在线下产品的质量。其实，不论选择哪种O2O模式，其核心都应该是以客户为中心，优化客户的消费体验。移动互联网时代，每天都会有许多新名词、新概念冒出来，但真正能获得成功的，还是真正关心客户的公司。正如达鑫投资董事总经理徐文辉所说："O2O模式让传统行业找到了新的营销手段和销售渠道，但公司经营最终还是要落在品质和品牌的结合上。"

2. 做好在线支付

O2O既拥有线上产品展示带来的快捷流畅的信息体验，也拥有线下实体店体验产品带来的踏实放心。而联系这两个环节的就是在线支付功能。没有在线支付，客户从在网上选好心仪的产品到去实体店购买，这中间很可能产生众多的变数，毕竟一般人不会每天都出去买东西。而有了在线支付，就能保障客户不会出现被其他因素干扰，以至于出现"忘记"去买产品的情况。所以，公司必须保障其在线支付服务的快捷与安全。

3. 实力不足创意补

O2O是电子商务未来的发展方向，但它并没有那么难，小公司并不需要像百度、阿里巴巴那些巨头一样把精力放在完善生态链、塑造闭环帝国上。只要敢于突破传统思维，小公司就有可能玩转O2O营销。

以危地马拉的时尚运动鞋品牌Meat Pack为例。它在自己推出的客户积分App中添加了一个有趣的插件：当安装该App的客户走进耐克、阿迪达斯等竞争对手的门店时，GPS功能会立即向他们显示Meat Pack的倒计时优惠信息，最开始的优惠幅度高达99%，之后每过1秒就减少1%，当客户走进Meat Pack的门店，倒计时就会停止。这种明目张胆的抢客户行为取得了不小的战绩，一周之内就有600多名客户从耐克、阿迪达斯的店里跑了出来。

Meat Pack的成功让我们发现，原来客户对大品牌的偏爱并没有到非买不可的地步，对小公司来说，只要找准刺激点，并采取合适的创意，就能打大品牌一个措手不及。

▶ 二维码营销：扫一下链接一切

当下，二维码这个由黑白小方格组成的图案，已经不知不觉地走进了我大众的生活。随着智能手机的普及，人们只需要对着二维码轻轻扫一下，就可以获得自己所需的信息。对客户而言，使用手机的摄像头和一些辅助扫码工具即可对公司的二维码产生识别，进入公司网站、微信，了解公司的产品和服务信息。可以说，二维码就是客户认识和了解一个公司的窗口。

基于二维码在消费中的独特作用，很多公司和商家纷纷利用二维码作为媒介进行营销，向客户推广自己的产品，二维码营销应运而生。通过二维码营销（一物一码）技术，为每一件流通产品生成唯一一个可识别的二维码，将客户、公司、流通三者连接起来，让彼此完全触及。二维码一键连接线上与线下，可以极大增加客户参与营销活动的便捷度与趣味性，让公司的营销变得更灵活、更有创意。可以说，二维码营销是"O2O营销模式"的一大创意，让众多濒危公司复活，让本来经营得好的公司更加充满活力。

二维码的应用非常方便灵活，公司可以将二维码印刷在报纸、杂志上，也可以印刷在包装盒、名片、图书、纸杯、宣传册、优惠券等多种载体之上，利用二维码来及时推送相关产品动态和优惠信息，让客户便捷地扫码、购物。

二维码由于其成本低、输入速度快、准确率高，已经成为人们网上关注、购物、支付的方便入口，更是公司进行线上营销的关键阵地。通过二维码营销，公司可以轻松了解每一个产品的去向，从而实现销售数据的管理，并且还可以防止库存问题，从而以最低的成本带来最大的营销效益。

二维码的运用也是非常有讲究的。客户并不是看到任何二维码都会扫描，而是对感兴趣的二维码信息才会进行扫描。因此，二维码营销最基础的就是要学会如何引导客户进入公司的网站、微信、商店等。针对这一点，公司必须在制作、展示二维码时，注重每一个细节，充分考虑客户的扫码习惯和消费心理，避免弄巧成拙，有对性和有计划地去实施这种营销方式。

在实施二维码营销活动时，公司要掌握并运用好以下几点技巧：

1. 吸引客户

（1）使用带有图形的二维码。将二维码添加到图片不仅使二维码看起来时髦，而且还完善了二维码信息。

（2）使用创意二维码。过去，二维码是黑白的，可以把它变成彩色，也可以将它与一些模式结合起来生成个性化的二维码。

（3）将产品放入二维码。将一些产品元素放入二维码中以生成生活场景的图片，用于吸引客户的眼球。

（4）为客户创建惊喜。可以通过微博、微信向客户发送祝福，甚至通过二维码向客户发送红包。

（5）解释二维码的内容。在执行二维码营销时，可以在二维码的旁边添加描述文本，这样客户能够根据需要进行扫描。

2. 黏住客户

首先，不仅要向客户提供有关公司的信息，还要为客户提供他们需要的信息，以吸引客户继续关注。

其次，使用二维码网站链接功能，方便客户进入网页，可以更加细致地了解信息。

最后，通过一些优先活动来调动客户的积极性。例如，通过允许客户参与抽奖，增加与客户的互动，增强客户的消费欲望。

3. 增加客户

（1）使用二维码链接，以便客户可以了解更多产品信息。

（2）二维码清晰，客户能够方便扫描。

（3）让二维码以新颖的方式出现在客户面前，吸引客户进行扫描。

▼ BBS营销：让产品人气暴涨

BBS即Bulletin Board System，中文解释是电子公告牌系统，也被广大网民称为论坛。BBS是互联网诞生之初就存在的形式，历经多年洗礼，论坛作为一种网络平台，不仅没有消失，其营销反而越来越焕发出它巨大的活力。

什么是BBS营销？BBS营销就是：利用论坛这种网络交流的平台，通过文字、图片、视频等方式发布公司的产品和服务的信息，从而让目标客户更加深刻地了解公司的产品和服务，最终达到宣传公司的产品和品牌、加深市场认知度等的网络营销活动。

BBS营销以整个网络系统为渠道进行推广和营销，尤其是在网络日益普及的当下，BBS营销可以说是一个很好的营销方式，而且具有其他营销方式所不具备的优点，具体如下：

（1）利用论坛的超高人气，为公司提供有效地营销传播服务。由于论坛话题的开放性，所有公司、个人都可以在论坛发帖或是回帖，而且这些内容对所有的论坛参与者都是开放的。所以论坛营销的营销诉求可以通过论坛传播得到有效的实现。

（2）在论坛空间优质的帖子可以得到高效的传播。比如：各种置顶帖、普通帖、连环帖、论战帖、多图帖、视频帖等。

（3）论坛活动具有强大的聚众能力，公司或个人可以利用论坛作为平台传播或推广信息，并利用信息的趣味性，调动网民与产品和品牌之间的互动。

（4）可以针对论坛优质贴运用搜索引擎技术，不仅使其内容能在论坛上得到好的呈现，而且能保证其在主流搜索引擎上被快速找到。

（5）通过筛选不同的论坛主题，可以找到不同兴趣点和关注度的潜在客户，从而有助于实现精准营销。

BBS虽然具备上述多项优势，但是由于BBS面对的是更加自由、挑剔的潜在客户，所以做BBS营销也要注意以下几点：

（1）不要直接发广告。这样的帖子很容易被当作广告帖删除。

（2）用好头像、签名。可以专门设计一个头像，宣传自己的产品和品牌，签名可以加入自己网站的介绍和连接。

（3）发帖质量一定要保证，要发具备一定深度或能够给网民以知识或启示的精华帖，这样不仅能够增强账户和品牌的权威性和品位，也能吸引更多的网民收藏或是转发。否则，低质量的帖子不仅会被网民忽视，被点击较高的精华帖所湮没，而且自身还需要投入较多的时间不停地重发。

（4）在论坛，有时候为了帖子的气氛、人气，适当"托儿"一把很有必要。人们都有从众心理，一个帖子的点击率回复率较高就能吸引更多的点击和回复；相反，如果一个帖子的点击和回复率较低，那么它不仅很快会被湮没，也很少会有人耐心地点开去读。

▰ 视频营销：让产品一夜之间蹿红

视频营销，是指以视频网站为核心的网络平台，以内容为核心、创意为导向，利用精细策划的视频内容实现产品营销与品牌传播的目的的新型营销方式。视频包含网络视频、宣传片、微电影等各种方式。目前，开展视频营销的平台有搜狐视频、腾讯视频、爱奇艺、土豆、优酷、抖音、天猫等。

当前中国的营销市场，电视的龙头地位依然没有被动摇。然而，电视作为视频媒体却有两大难以消除的局限性：

一是受众只能是单向接收电视信息，很难深度参与。

二是电视都有着一定的严肃性和品位，受众很难按照自己的偏好来创造内容，因此电视的广告价值大，但是互动营销价值小。

而网络视频却可以突破这些局限，从而带来互动营销的新平台，而随着互联网的发展和视频网站的兴起，视频营销也越来越被很多公司所重视，成为网络营销中采用的利器。

视频营销将视频与互联网结合，形成了一种新时代创新营销形式。视频营销既具有电视短片的种种特征，例如感染力强、形式多样、内容丰富、独具创意等，又具有互联网营销的优势。

视频营销的方式是用视频的形式来进行产品的媒介传递，包括视频策划、视频制作整个过程，以及网络视频、宣传片、微电影等多种方式。视频营销具有以下几大特色：

（1）增强客户的信任感。

产品视频化可以有效还原产品的真实性，大大提升客户对网购的信任感。

（2）增强客户的产品体验。

视频营销从视觉、听觉上增强了客户对产品的体验，客户可以看得到或听得到产品在使用中获得的效果。

（3）增强客户的页面停留时间和购买欲望。

视频解决了客户在观察和查找产品文字信息和图片上花费时间较长等问题，通过直观、快捷、生动的播放功能，让客户了解产品详情，体验产品的动态展示效果，大大增加了客户对产品的关注度，有效地激发了客户购买欲望。

（4）扩大产品信息和品牌形象。

视频营销把产品或品牌信息植入视频中，直接体现产品的特性，做到品牌宣传。

公司要想使视频营销要发挥出最大功效，需要掌握好以下几点技巧：

（1）内容为本，最大化视频传播卖点

视频营销的关键在于"内容"，视频的内容决定了其传播的广度。好的视频自己会"长脚"，能够不依赖传统媒介渠道，通过自身魅力俘获无数网民作为传播的中转站。

让网民看到一些或经典、或有趣、或惊奇的视频总是愿意主动去传播，自发地帮助推广公司品牌信息，视频就会带着公司的信息在互联网以病毒扩散的方式蔓延。因此，如何找到合适的品牌诉求，并且和视频结合是公司需要重点思考的问题。

（2）发布力争上频道首页

在视频类网站，比如优酷、土豆等都分了多个频道，公司视频可以根据自己内容选择频道发布，力争上频道首页，如果能上大首页则更好，能让更多网民看到。在推广的时候也要注意标签、关键词的运用，这样利于搜索。

（3）增强视频互动性，提升参与度

网民的创造性是无穷的，与其等待网民被动接收视频信息，不如让网民主动参与到传播的过程中。在社会化媒体时代，网民不仅希望能够自创视频内容，同时也喜欢上传并与他人分享。有效整合其他社交媒体平台，提高视频营销的互动性，可以进一步增强营销的效果。比如视频发布出之后，留意网友的评论、互动等。

视频营销将"视频"和"互联网"两者的优点很好地结合在一起，既具有电视短片的优点，如感染力强、形式内容多样、创意新颖等，又有互联网营销的优势，如互动性、主动传播性、传播速度快、成本低廉等。正因为如此，视频营销在短短几年内已经成为互联网最炙手可热的传播形式。现在无论是公司、个人还是政府机关，都纷纷投入视频营销当中，试图在巨大的视频红利里分一杯羹。小公司要牢牢抓紧视频营销的风向标，顺势扩大自己的营销矩阵，迎接公司营销的新时代。

▶ 粉丝营销：分享粉丝经济的红利

粉丝营销，是指公司利用优秀的产品或公司知名度拉拢庞大的客户群体作为粉丝，利用粉丝相互传导的方式，达到营销目的。粉丝营销的直接目的，就是将粉丝转化成为付费客户，甚至口碑相传，带动更多付费客户。

公司要开展粉丝营销，首先要拥有足够的粉丝。该如何获得自己的粉丝呢？公司可以通过添加手机联系人、QQ好友、微信朋友圈、语音聊天、发红包、群发消息等方式积累粉丝。公司还可以在微博平台上开设自己的微博，发布公司和产品信息，发表商业形势方面的热点文章，抛出各种话题也粉丝进行讨论互动，等等，只要将这些活动持续不断地开展下去，就以为公司带来大量的粉丝。

为了加速粉丝的积累，公司还可以根据自身需求选择使用微博商业产品。目前，微博已经搭建起完善的商业产品体系，其中"开机报头"和"顶部公告"可以扩大公司品牌曝光，品牌速递和微博精选可以帮助公司精准触达潜在目标粉丝，"热门话题"和"轻应用"则能有效推动公司与粉丝的互动。

拥有了足够数量的粉丝，粉丝营销才有了运行的基础。但是只拥有了粉丝，也不见得就能做好粉丝营销。因为在粉丝群中，有很多的是不活跃的"僵尸粉""死粉"，他们对公司的推广活动反应冷淡，几乎不买公司的产品。

有机构分别面向粉丝和公司方进行调查，发掘出粉丝活跃度低迷的具体

原因:

从公司的角度看来,主要的原因是:推送的内容不够优质;不能给粉丝带来实际的利益,没有让粉丝产生惊喜的感觉;没有引导粉丝互动的习惯;营销成分太重,广告植入太多。

从粉丝的角度看来,主要原因是:账号没有人格化;粉丝的互动行为没有得到及时反馈;推销没有给到粉丝想要的利益点;只强调心智传达,不匹配对应人群。

由此看来,要想将粉丝激活,就要不断使他们感到被尊重,要让他们能产生很多惊喜。人格化账号(亲切感)、引导粉丝互动(亲密感)、互动行为及时反馈(受尊重)、合理的利益点(有惊喜)、营销更加精准人群(找同类),这是做好"粉丝营销"的五个思考维度。

粉丝营销的真正目的,不是要使粉丝变得很多或者增长很快,而是将粉丝变成公司的铁杆粉丝。比如美国的汉堡王,社群里有大约3.5万个粉丝,但质量不高。于是它搞了一个活动,如果你退群,可以赠送一个免费汉堡,很多人领完汉堡后就走了,最后留下8000人,给汉堡也不走,这就是"铁粉"。结果,社群里的粉丝活跃度比以前提高了5倍,这些人给汉堡王提意见、出主意,做口碑传播,反而让汉堡王的声势更大了。其中很多粉丝不仅是汉堡王的忠实客户,很多还成了汉堡王股票的持有者。所以,粉丝的真正价值,不在于特别多,而是不断找到高欲望、高质量的客户,让他们主动参与到口碑传播和品牌营销中来,甚至与公司形成利益共同体。

将粉丝营销的技巧加以实施以后,公司还要根据"数据反馈"进行方向矫正、策略调整。通过对后台反馈数据和销售反馈数据的分析,给粉丝人群做分类和定位,这也是管理粉丝、实施精准营销的必要步骤。可以基于客户社交行为及互动数据,将粉丝人群分为"闲谈者、较真者、点赞之交、圈内人、价值发掘者、一致利益伙伴"六个大类,"闲谈者、较真者和点赞之交”他们更多是贡献了关注时间，这很重要，可以帮助品牌根据广告实时投放数据，评估粉丝转化效果，调整营销策略；“圈内人、价值发掘者、一致利益伙伴”他们有意愿深度参与品牌的传播和公司的发展，是最重要的一群高价值粉丝。

　　在了解了粉丝人群特征之后，公司才可以更好地针对人群发布他们感兴趣的消费内容。诸如地域性的消费风格、不同消费阶层不同的关注信息点、不同的年龄层次不同的消费需求。这都是因地制宜，因人而异。

　　在电子商务竞争时代，没有粉丝对于公司来说是一件非常危险的事情。因为和客户不同，客户会买了一件产品后离开，但粉丝却是与公司和个人商户的产品理念有共鸣的一群人，他们会持续关注一个公司，同时也是公司持久的潜在客户，所以对小公司而言，粉丝很重要。同时粉丝营销投入的成本也很低，因此小公司要注重积累自己的粉丝，将粉丝营销切实开展起来，为公司开辟一条稳定的财源。